いちばんやさしい
糖尿病の人の
ための
おい食事

監修
吉田美香

主婦の友社

はじめに

本書は、糖尿病の人のための献立づくりにおすすめの料理を集めたレシピ集です。糖尿病の人のための食事ということと、「難しそう、面倒そう」と思う方が多いようですが、実はそんなことはありません。糖尿病では、絶対に食べてはいけない食材があるわけではありません。いわゆる健康的なバランスのよい食生活にすることが血糖コントロールにつながります。

食べすぎていたり、偏食の傾向があったりすると血糖コントロールが乱れるため、自分に合った適正なエネルギー摂取量を守り、栄養バランスに配慮する必要があります。そのためには、エネルギー量を計算し、適切な食材を選びながら、1日3食の献立を考えなくてはなりません。

エネルギー量を計算しながら、料理を考えるのはなかなかの手間です。そこで本書では、エネルギー量の調整やバランスのよい栄養素の配分を十分に考えた料理を掲載しています。また、その料理をどなたでも簡単に組み合わせられる仕組みに設計しています。つまり、栄養計算の手間がいっさい不要。ご自身でエネルギー計算をしたり、材料の分量を調節したりする必要がありません。決められた仕組みに従って、食べたいおかずを自由に組み合わせ、自分に合った量の主食を組み合わせれば、適正なエネルギー摂取量で、バランスのよい献立が完成します。そのために、本書では、おいしくて手軽に作れる料理を数多く掲載しています。彩り豊か

で、飽きがこないメニューばかりですので、長く活用していただけると思います。また、糖尿病の人はもちろん、健康な方にとってもバランスのよい食事なので、ご家族や大切な人と一緒に食べることができます。

本書の特徴は、もう1つあります。それは、料理によって、いくつかのバリエーションやアレンジ、応用のレシピを紹介していることです。

「主菜」については、同じ料理名に①、②…と番号を振っています。たとえば、「調理法はそのままに材料をかえる」あるいは、「材料はそのままに調理法を変える、味付けを変える」などというように、変化をつけることで異なった味を楽しめ、料理のレパートリーが広がります。それだけではなく、食材の使いまわしにも役立ちます。巻末の材料別料理索引をあわせて利用すれば、このメリットをよりいっそう生かせます。

本書のこれらの特徴を存分に活用して、血糖値のコントロールに役立て、ムダなく無理なく豊かな食生活を送っていただきたいと願っています。

管理栄養士・日本糖尿病療養指導士　吉田美香

2

いちばんやさしい糖尿病の人のための おいしい食事——目次

《この本のレシピの約束ごと》
■材料の計量には、一般的な計量スプーンや計量カップを使っています。すりきりで小さじ1＝5㎖、大さじ1＝15㎖、1カップ＝200㎖です。
■小さじ1/6未満の分量と、目分量で少量のものは「少々」で表示してあります。
■材料表にある「だし汁」とは、昆布と削りがつおでとった和風だしです。市販のだしの素でも代用できます。その際は、パッケージに記された割合を目安に水でといて使ってください。なお、だしの素そのものに塩分が含まれていることが多いので、料理の塩分量が多少ふえます。
■エネルギー量を抑えるために油の使用量を控えています。フライパンは、少ない油でも焦げつきにくいフッ素樹脂加工やセラミック加工のものを利用することをおすすめします。
■電子レンジの加熱時間は、500Wの場合の目安です。400Wなら時間を1.2倍、600Wなら時間を0.8倍にしてください。メーカーや機種によって多少異なることがあるので、参考値としてとらえ、実際に加熱してみて様子を見ながら加減することをおすすめします。

糖尿病はどんな病気？

血糖値が高くなる病気です

糖尿病は、炭水化物（糖）の代謝が悪くなり、血糖値（血液中のブドウ糖の濃度）が高くなる病気です。食事をすると血糖値が上がりますが、インスリンというホルモンが分泌されることで下がります。通常は、血糖値は一定の範囲内に保たれますが、インスリンの分泌不足や作用低下がある場合には高血糖が続きます。その状態が糖尿病です。

炭水化物が体内で使われるしくみ

1 食べ物をとる

食物

2 食べ物は胃などの消化管で消化され、炭水化物は十二指腸でブドウ糖にまで分解される

食道

4 肝臓では、ブドウ糖の一部がグリコーゲン（＝貯蔵ブドウ糖）として貯蔵される。残りのブドウ糖はエネルギー源として血液に乗って全身に送られる

ブドウ糖
インスリン
肝臓
胃
筋肉
ブドウ糖
脂肪細胞
インスリン
膵臓

6 血液中のブドウ糖は、インスリンの助けによって、筋肉細胞や脂肪細胞に入っていく。筋肉ではエネルギーとして利用されたり、脂肪細胞では余ったブドウ糖が脂肪として貯蔵されたりする

ブドウ糖
小腸

3 ブドウ糖は小腸から吸収され、血液を通って肝臓に送られる

5 血液中のブドウ糖の量が一定以上になると、膵臓からインスリンが分泌される。インスリンがうまく働かなくなると、血糖値が高いままになる

糖尿病の種類

1型糖尿病

- 膵臓のβ細胞がこわれてインスリンが分泌されないため、インスリンの絶対量が不足することで起こる。
- 糖尿病患者の3〜5％を占め、子どもや若い人など、おもに20歳以下に多い。
- 生活習慣に関係なく発症する。
- 治療方法はインスリン注射。

2型糖尿病

- 生活習慣の乱れなどによるインスリンの分泌不足や作用低下で起こる。
- 糖尿病患者の9割以上を占め、40歳以上に多い。
- 生活習慣を改善すると、糖尿病の進行を遅らせる、止めることができるので、食事療法と運動療法を行い、必要な場合には薬物療法も行う。

妊娠糖尿病

- 妊娠中にはじめて発見された、または発症した糖尿病で、その大半は妊娠時の一時的なもの。
- 妊娠前から糖尿病だった人が妊娠した場合は、糖尿病合併妊娠という。

そのほかの糖尿病

- 肝臓病や膵臓病、感染症など特定の病気が原因で起こる。遺伝子異常や副腎皮質ホルモン剤など薬によって引き起こされることもある。

糖尿病は4種類あります

糖尿病には大きく分けて、1型糖尿病と2型糖尿病、妊娠糖尿病、そのほかの糖尿病の4種類があります。2型糖尿病は、遺伝的資質（糖尿病になりやすい体質）に、生活習慣の乱れによる肥満や運動不足、ストレスなどの要因が加わり発症します。生活習慣の改善が必要なため、病態に合わせて生活習慣の見直しを行います。

糖尿病は自覚症状があるの？

初期は症状がないので要注意!!

糖尿病は、初期には症状がほとんどありません。左記のような症状がひとつでも該当する人は、糖尿病がすでに進行している可能性があります。健康診断で「血糖値が高い」といわれたら、症状がないからとほうっておかず、すぐに医療機関で治療を開始しましょう。

こんな症状があったら要注意

のどが渇いて、水分を多くとる

尿の量や回数が多くなる

しっかりと食べているのに、体重が減る

体がだるく、疲れやすい

こんな人は糖尿病に要注意

糖尿病のおもな要因は遺伝と生活習慣です

2型糖尿病は、遺伝的に糖尿病になりやすい体質を持ち、生活習慣の乱れなどが引きがねとなり、発症することが多いです。つまり、大きな要因は遺伝と生活習慣です。家族や親戚に糖尿病の人がいる場合は、糖尿病になりやすいので、生活習慣を見直しましょう。

チェック!

こんな人が糖尿病になりやすい

この中で、2つ以上あてはまるものがあれば、
将来、糖尿病になりやすいので、気をつけましょう!

☐ 家族、親戚に糖尿病の人がいる

☐ 運動不足である

☐ 肥満である

☐ ついつい食べすぎてしまう

☐ 心身にストレスがある

☐ 40歳以上である

あてはまる項目が多い人ほど、
糖尿病になりやすい要因を持っています。
最低でも1年に1回、健康診断を受けましょう!

糖尿病の恐ろしさは合併症

糖尿病が血管を傷つけ、合併症を引き起こす

血糖値が高い状態が続くと、ブドウ糖濃度の高い血液が全身をめぐります。そうなると血管に負担がかかり続け、ボロボロの状態になります。その結果、全身にある血管や神経に影響を及ぼすため、糖尿病はさまざまな病気を引き起こすのです。糖尿病の代表的な合併症は糖尿病神経障害、糖尿病網膜症、糖尿病腎症の3つです。

糖尿病のさまざまな合併症

糖尿病と診断されたのに治療を受けずほうっておくと、数年後、さまざまな合併症を起こす可能性があります。

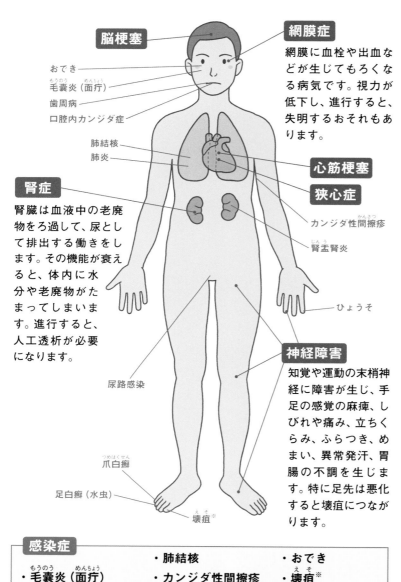

脳梗塞

おでき
毛嚢炎（面疔）
歯周病
口腔内カンジダ症

肺結核
肺炎

腎症

腎臓は血液中の老廃物をろ過して、尿として排出する働きをします。その機能が衰えると、体内に水分や老廃物がたまってしまいます。進行すると、人工透析が必要になります。

尿路感染

爪白癬

足白癬（水虫）

壊疽※

網膜症

網膜に血栓や出血などが生じてもろくなる病気です。視力が低下し、進行すると、失明するおそれもあります。

心筋梗塞

狭心症

カンジダ性間擦疹

腎盂腎炎

ひょうそ

神経障害

知覚や運動の末梢神経に障害が生じ、手足の感覚の麻痺、しびれや痛み、立ちくらみ、ふらつき、めまい、異常発汗、胃腸の不調を生じます。特に足先は悪化すると壊疽につながります。

感染症

・毛嚢炎（面疔）	・肺結核	・おでき
・口腔内カンジダ症	・カンジダ性間擦疹	・壊疽※
・歯周病	・腎盂腎炎	・爪白癬
・肺炎	・尿路感染	・足白癬（水虫）
	・ひょうそ	

※壊疽…組織が腐ってしまう状態のこと。

糖尿病はどんな治療をするの？

治療は食事、運動＋投薬の3本柱

糖尿病治療の基本は、食事療法と運動療法、薬物療法。もっとも重要なのが食事療法です。糖尿病の要因である肥満の解消には運動療法が効果的なので、運動を習慣にしましょう。食事療法と運動療法で血糖値をうまくコントロールできない場合は、薬物療法（飲み薬や注射）も取り入れます。

2型糖尿病の治療

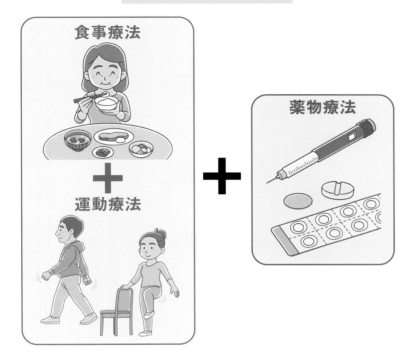

食事療法
＋
運動療法
＋
薬物療法

血糖コントロールの目標数値

目標	コントロール目標値 (注4)		
	血糖正常化を目指す際の目標 (注1)	合併症予防のための目標 (注2)	治療強化が困難な際の目標 (注3)
HbA1c(%)	6.0未満	7.0未満	8.0未満

治療目標は年齢、罹病期間、臓器障害、低血糖の危険性、サポート体制などを考慮して医師が個別に設定する。

（注1）適切な食事療法や運動療法だけで達成可能な場合、または薬物療法中でも低血糖などの副作用なく達成可能な場合の目標とする。

（注2）合併症予防の観点からHbA1cの目標値を7%未満とする。対応する血糖値としては、空腹時血糖値130mg/dℓ未満、食後2時間血糖値180mg/dℓ未満をおおよその目安とする。

（注3）低血糖などの副作用、その他の理由で治療の強化が難しい場合の目標とする。

（注4）いずれも成人に対しての目標値であり、また妊娠例は除くものとする。

65歳以上の人は医師に確認してください。

糖尿病の食事療法のポイント

食事療法を毎日続けましょう！

糖尿病の治療では、血糖値のコントロールが欠かせません。それには食事療法がもっとも重要です。ただ、食べてはいけない食材はなく、栄養バランスのよい健康的な食生活を心がけます。毎日続けることが大切ですが、うまくいかなかったときには、前後の食事で調整しましょう。

ポイント1 食事量を適切にする

食べすぎはブドウ糖の代謝を悪化させ、糖尿病を進行させます。膵臓に負担となる過剰なインスリンの分泌を抑えるために、必要以上に食べないことが大切です。
適切な食事量は、人によって異なります。年齢や体格、活動量から算出します。

➡くわしくはp.16

食べすぎを続けると、無理してインスリンを分泌します。そうなると、膵臓が疲弊し、正常に分泌できなくなります。

適切な食事量であれば、膵臓は元気な状態でインスリンを分泌します。

ポイント2

栄養バランスのよい食事をとる

適正な総エネルギー摂取量を超えないだけでなく、どのようなものを食べるのかが重要です。体に必要な栄養素を過不足なくとっているか、見直しましょう。

➡くわしくは p.18

ポイント3

食べる順番を意識する

食後の血糖値の上昇を抑えるために、野菜や肉や魚などのおかず→白飯などの主食の順番で食べるのがおすすめです。

➡くわしくは p.22

ポイント4

決まった時間に規則正しく食べる

不規則な間隔で食事をとる、朝食を抜くなどでは、血糖コントロールがうまくいきません。
適切な食事量を、朝・昼・夕の3食に分けて規則正しく食べましょう。

➡くわしくは p.23

１日に必要な適正な
総エネルギー摂取量の計算式

１日に必要なエネルギー摂取量は、年齢や体格、活動量を踏まえて算出します。肥満かどうか、既往症の有無、嗜好などの要因も考え、適正なエネルギー摂取量が決められます。以下の計算で求める数値は目安です。医師に相談してください。

STEP 1 あなたは太っている？
BMI[*1] で肥満度を計算

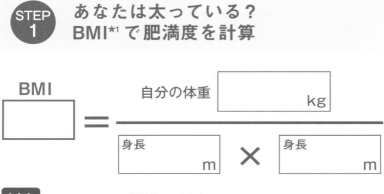

判定 BMI による肥満の判定

18.5未満	18.5〜25未満	25以上	35以上
やせすぎ	普通	肥満	高度肥満

出典：日本肥満学会

[*1] BMI（ボディ・マス・インデックス）は体格指数をあらわすもの。

STEP 2 あなたの目標体重は？

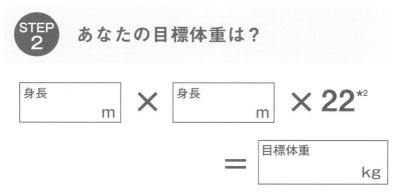

[*2] 統計上、BMI が 22 のときが病気になりにくく理想的な体重とされています。なお、BMI の目安は 65 歳未満が 22、65 歳以上が 22 〜 25 です。75 歳以上の人は、医師または管理栄養士に相談しましょう。

食事療法の
ポイント❶

食事量を適切にする

糖尿病の多くの人に共通しているのが肥満です。肥満の最大の原因ともいえるのが食べすぎです。糖尿病で、かつ食べすぎだと、膵臓の負担が大きくなります。１日に必要な適正なエネルギー摂取量を、左記の計算式で求めます。自分に合った食事量（適正なエネルギー摂取量）を知り、目標体重をめざしましょう。

あなたにとって
適正なエネルギー摂取量は？

目標体重 kg	×	エネルギー係数 kcal/kg	=	適正なエネルギー摂取量 kcal

判定 エネルギー係数（kcal/kg）

体重1kgあたりに必要なエネルギーは、日常生活の活動量によって異なります。自分にあてはまる数値を選びますが、肥満の人は低いほうで計算します。

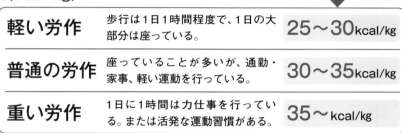

軽い労作	歩行は1日1時間程度で、1日の大部分は座っている。	25〜30kcal/kg
普通の労作	座っていることが多いが、通勤・家事、軽い運動を行っている。	30〜35kcal/kg
重い労作	1日に1時間は力仕事を行っている。または活発な運動習慣がある。	35〜 kcal/kg

例
身長170cm、
会社員（男性）、
エネルギー係数：軽い

1.7(m) × 1.7(m) × 22 ＝約64kg ＝ 目標体重

64kg × 30kcal/kg ＝ 1920kcal ＝ 適正なエネルギー摂取量

肥満の人は 64kg × 25kcal/kg ＝ 1600kcal ＝ 適正なエネルギー摂取量

メタボではない？　大丈夫？

メタボリックシンドロームは、内臓脂肪が多い状態で、糖尿病をはじめとした生活習慣病になりやすいため、注意が必要です。

診断方法
内臓脂肪型肥満 と下記 **1**〜**3** のうち2つ以上が該当すると、メタボリックシンドロームと診断されます。

内蔵脂肪型肥満

腹囲の測定
（へその位置の測定）
男性…85cm以上
女性…90cm以上

1 血圧
収縮期（最高）血圧 ………… 130mm Hg 以上
かつ／または
拡張期（最低）血圧 ………… 85mm Hg以上

2 空腹時血糖値 ………… 110mg/dℓ以上

3 血中脂質値
中性脂肪値 ………… 150mg/dℓ以上
かつ／または
HDL コレステロール値 ……… 40mg/dℓ未満

※メタボリックシンドロームの診断基準値は、国や機関によって若干異なります。

栄養バランスのよい食事をとる

私たちは生きていくために、さまざまな食べ物から栄養をとっています。エネルギーになる炭水化物、タンパク質、脂質の三大栄養素に、体の調子を整えるビタミンとミネラルを加えた五大栄養素が欠かせません。食事療法では、1日の適正なエネルギー摂取量を守るとともに、体に必要な栄養素をバランスよくとることが大切です。

必要な栄養とは？

バランスのよい食事をとるため、必要な栄養素の種類とその役割を覚えましょう。

炭水化物 Carbohydrate

糖質と食物繊維で構成されています。

エネルギーになる

●**糖質**
脳や体のエネルギーとなる栄養素。ご飯やパン、めんなどの主食やいも類に含まれます。食べすぎると、血糖値を上げるので注意が必要です。
➡ くわしくは p.25

●**食物繊維**
血糖値の急激な上昇やコレステロールの吸収を抑える栄養素。野菜やきのこ、海藻類に豊富に含まれ、体内で消化・吸収できない成分です。
➡ くわしくは p.28

エネルギーになる

タンパク質 Protein

臓器や筋肉、ホルモンなどをつくる栄養素です。肉や魚、卵などの動物性タンパク質、大豆製品などの植物性タンパク質があります。バランスよくとりましょう。
➡ くわしくは p.27

18

脂質　Fat

体のエネルギーとなり、細胞膜をつくったり、脂溶性ビタミンの吸収を助けたりする栄養素。バターや油のほか、肉や魚の体内の油脂も含まれます。

ビタミン Vitamin

体の調子を整える働きを持つ栄養素。ビタミンA、C、E などさまざまな種類があります。主に、野菜や果物に含まれています。

ミネラル Mineral

骨や歯をつくるほか、筋肉などの働きにも関わる栄養素。無機質とも呼ばれ、カルシウムや鉄、カリウム、リンなどがあります。

理想の PFC バランス

PFCバランスとは、エネルギーになる三大栄養素のタンパク質 (Protein)、脂質 (Fat)、炭水化物 (Carbohydrate)を、どのような比率で摂取するとよいのかを表す指標。糖尿病の人にとっての理想的なバランスが右記の円グラフです。
なお、比率は摂取重量ではなく、エネルギー摂取量 (kcal) で考えます。食事内容を決める際の参考にしましょう。

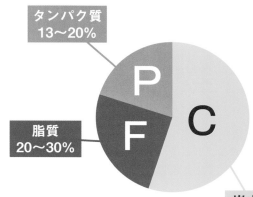

タンパク質
13〜20%

P

C

脂質
20〜30%

F

炭水化物
50〜60%

※腎症３期以降の方は、タンパク質の摂取に制限が必要です。適正なタンパク質摂取量は、医師に相談しましょう。

1食分の献立の基本

糖尿病の食事療法の基本は、主食＋主菜＋副菜の定食スタイルです。このような献立にすると、自然と栄養バランスが整います。1日の献立を考えるときは、まず主食を決めます。適正なエネルギー摂取量から主食3食分を引き、残ったエネルギー量を主菜と副菜（または汁物）で組み立てます。

主食
ご飯、パン、めん **など**

おもに
エネルギー源となる

食物繊維が豊富な玄米、雑穀入りご飯、ライ麦パンを選ぶとよい。

＋

主菜
肉や魚介、卵、大豆製品 **など**

おもに
タンパク質源となる

肉に偏りがちなので、魚介、大豆製品もバランスよくとる。

＋

副菜
野菜やきのこ、海藻 **など**

おもに
ビタミン、ミネラル、食物繊維源 **となる**

主食、主菜に不足している栄養素を補うため、しっかりとる。

野菜が足りない場合

汁物
食塩量が多くなりがちなので、1日1回までにして、食塩量に注意する。

or

もう一品
できるだけ、上記の副菜とは異なる食材を食べる。

牛乳や乳製品、果物
牛乳、乳製品は決められた量をとるようにする（ ➡ p.26）。果物はとりすぎに注意を（ ➡ p.30）

鶏肉のから揚げ献立

脂肪分の少ない鶏胸肉をから揚げにし、
つけ合わせにゆでキャベツを添えて食べ応えをアップ！
副菜は栄養価の高い野菜・トマトに、噛み応えのあるわかめを組み合わせました。
ご飯は各自の指示エネルギー量に合わせて重量を調整します。

主菜 鶏胸肉のから揚げ

主食 白飯

副菜 トマトと
わかめのサラダ

➡レシピは p.34

おかず→主食の順に食べる

① おかず

肉や魚などの主菜

野菜などの副菜

野菜を先に食べると、それでお腹がいっぱいになり、主菜が食べられなくなって、タンパク質が不足する高齢者がいます。副菜（野菜料理）だけを食べるのではなく、主菜とともに食べましょう。

② 主食

白飯

主食は
必ず最後に！

主食は血糖値を上昇させるので、後から食べましょう。おかずを食べ始めてから5〜15分してから主食を食べるようにします。食事全体を15分以上かけてゆっくり食べるのがおすすめです。

食事療法の
ポイント❸

食べる順番を意識する

食事をとると血糖値が上がりますが、野菜やタンパク質を含むおかずには食後の血糖上昇をゆるやかにする効果があるので先に食べましょう。そして、血糖値を上げやすい主食は後から食べます。タンパク質源食品の主菜はインスリンの分泌を促すインクレチンというホルモンの分泌を促すので、副菜（野菜料理）と一緒に先に食べましょう。

決まった時間に規則正しく食べる

食事を抜く、まとめて食べるなどの不規則な食事は、食後に血糖値が急激に上昇してしまうので、膵臓に負担がかかり、インスリンがうまく分泌されなくなります。朝食・昼食・夕食と1日3回に分けて食べましょう。夜は活動量が減るので、夕食が多くならないように気をつけます。朝食3、昼食4、夕食3の割合を心掛けましょう。

こんな食べ方は避けて！

早食い

急いで食べると、満腹中枢から指令が出る前に食べすぎてしまいます。15分以上かけてゆっくり食べましょう。30回以上かむことも大事です。

主食だけ食べる

おにぎりやめん類、パンなどの主食だけを食べるのは手軽ですが、主食は血糖値を急激に上昇させるので、おかずも一緒にとりましょう。

食事の回数が少なくまとめ食い

まとめ食いは、一度にたくさんのインスリンが必要になり、膵臓に負担がかかります。糖尿病の悪化につながるのでやめましょう。

寝る直前に食べる

食後にすぐ寝ると、脂肪が合成されやすいうえ、脂肪が蓄積されやすくなり肥満につながります。また、就寝中に血糖値が高い状態になってしまいます。遅い時間に食べないようにしましょう。

● 主食の選び方

ポイント 1 白いものより 色のあるものを選ぶ

ご飯やパンは、精製した真っ白なものではなく、精製度の低いものを選びましょう。精製度が低いものは食物繊維を多く含み、糖の吸収速度を遅くするため、血糖値がゆるやかに上昇します。玄米や雑穀ごはん、ライ麦パンや全粒粉入りのパンを食べましょう。

ポイント 2 主食は最初に食べない

食事の際は、ご飯やめん、パンなどの主食から食べるのは、やめましょう。糖質、タンパク質、脂質は、血糖値の上昇スピードが異なり、糖質は食後急激に血糖値が上がります。食事は野菜や肉・魚などの主菜から食べ、最後に主食を食べましょう。

食パン	ライ麦パン	バターロール
60g（6枚切り1枚）	60g（6枚切り1枚）	50g（1と 2/3個）
80g（6枚切り1と1/3枚）	80g（6枚切り1と1/3枚）	70g（2と1/3個）
90g（6枚切り1と1/2枚）	90g（6枚切り1と1/2枚）	80g（2と2/3個）
100g（6枚切り2枚）	100g（6枚切り2枚）	90g（3個）

食パン	ライ麦パン	バターロール
45g（6枚切り3/4枚）	45g（6枚切り3/4枚）	40g（1と1/3個）
60g（6枚切り1枚）	60g（6枚切り1枚）	50g（1と2/3個）
60g（6枚切り1枚）	60g（6枚切り1枚）	50g（1と2/3個）
80g（6枚切り1と1/3枚）	80g（6枚切り1と1/3枚）	70g（2と1/3個）

めん類はどのくらい食べていいの？

めん類の主食は塩分が多くなりやすいので、本書の構成では主食にめん類を想定していませんが、おおよその目安分量は以下です。めん類を主食にする場合は、塩分量に注意しましょう。

●めん類の目安（ご飯100g相当）

ゆでうどん	130g
ゆでそば	120g
手延べそうめん（乾麺）	50g
パスタ（乾麺）	45g
餅	70g

１食あたりの主食の目安量

　主食は炭水化物（糖質）を多く含むので、毎食自分の食事量（適正なエネルギー摂取量）に見合った量をとるようにします。なお、めん類は塩分が多くなりやすいので、本書の献立例はご飯とパンを組み合わせることを前提としています。

※玄米ご飯は玄米100％で炊いた数値を使用しています。押し麦入りご飯や雑穀入りご飯は、押し麦や雑穀のパッケージに記載の方法を目安に炊いてください。本書では、白米１合に対して、押し麦（米粒麦）15ｇ、また雑穀10ｇを加えて炊いたものの数値を使用しています。

● 指示エネルギー量別・１食あたりの主食の目安量

	白飯	玄米ご飯	押し麦入りご飯	雑穀入りご飯
1200 kcal	100g	100g	100g	100g
1400 kcal	130g	130g	130g	130g
1600 kcal	150g	150g	150g	150g
1800 kcal	180g	180g	180g	180g

● 主菜レシピに 主食減量 「主食減量マーク」がついている場合

	白飯	玄米ご飯	押し麦入りご飯	雑穀入りご飯
1200 kcal	70g	70g	70g	70g
1400 kcal	100g	100g	100g	100g
1600 kcal	100g	100g	100g	100g
1800 kcal	130g	130g	130g	130g

高齢者の食生活では、タンパク質が不足しがちなことがわかっています。また、肥満対策のために、高齢者が食事量を減らすと、「フレイル（加齢により筋力や活動が低下した状態）」を招く可能性があります。フレイル予防の観点からも、しっかりと食事をします。なかでも不足しがちなタンパク質の摂取を心がけましょう。

特に、65歳以上の高齢者の糖尿病では、サルコペニア（加齢などが原因で筋肉量の減少、筋力の低下が生じること）も問題になっています。筋肉量や筋力の低下対策のためにも、タンパク質をしっかり摂取しましょう。

牛乳・乳製品は毎日適量をとりましょう

「牛乳・乳製品」は不足しがちなカルシウムやタンパク質を豊富に含む栄養価の高い食品です。栄養のバランスをとるうえで、3食の食事とは別に、毎日とってほしいものです。料理に使ったり、食事に添えたり、間食として食べたりするなど、好みのスタイルで摂取しましょう。
牛乳が苦手な人はヨーグルトやチーズでもかまいません。ただし、ヨーグルトを食べる場合は砂糖やジャムなどを加えずに食べましょう。

1日にとりたい 牛乳・乳製品の量

1日にいずれか1品をとりましょう。半量ずつとるのでもかまいません。

牛乳
130mℓ（コップ2/3杯）
80kcal　糖質5.9g

無脂肪乳
260mℓ（コップ1と1/3杯）
80kcal　糖質12.4g

低脂肪乳
200mℓ（コップ1杯）
90kcal　糖質10.1g

プレーンヨーグルト
（無糖）
130g（大1/3パック）
70kcal　糖質4.9g

プレーンヨーグルト
（低糖）
100g（1個）
70kcal　糖質8.2g

チーズ（プロセスチーズ）
25g（1½個）
80kcal　糖質0g

1日あたりのタンパク質の目安量

　タンパク質は筋肉をつくる材料になります。筋肉量が増えると、血糖値の改善につながるので、タンパク質食品を毎食とります。タンパク質には肉や魚などの動物性タンパク質、大豆などの植物性タンパク質があります。動物性タンパク質と植物性タンパク質をバランスよくとりましょう。

写真は、1日の適正エネルギー摂取量が1600kcalの場合の目安量です。

● タンパク質食品の1日分の目安量

	肉	魚介	卵	豆腐、大豆製品	乳製品
	豚もも肉	鮭（切身）	M玉	木綿豆腐	牛乳
1200 kcal	60g	80g	1個（50g）	100g	130mℓ
1400 kcal	60g	120g	1個（50g）	100g	130mℓ
1600 kcal	100g	120g	1個（50g）	100g	130mℓ
1800 kcal	120g	120g	1個（50g）	150g	130mℓ

食物繊維をしっかりとる！

食物繊維は、体内で消化・吸収できない成分です。副菜や主食、主菜のつけ合わせに食物繊維の多い食材を使うなど、意識して摂取します。野菜は1日350g以上摂取するのが目標です。1日350g摂取すると、食物繊維やビタミン、ミネラルを十分に摂取できます。写真の量がおおよその目安です。視覚的に把握し、1日の食事で無理なく取り入れましょう。

不溶性食物繊維

水に溶けず、腸内で水分を吸収して膨らみ、体内の余分な有害物質を吸着して排出させます。排便を促進する作用があるので、便秘の予防になります。きのこやごぼうなど噛み応えのある食材に多く含まれます。

水溶性食物繊維

水に溶けて腸内で水分を含み、余分な糖質やコレステロールの吸収速度を遅くします。また、食後の血糖値上昇をゆるやかにしたり、血中コレステロール値の上昇を抑えたりするなどの働きがあります。

野菜をしっかり食べるには…

野菜は生で食べるとカサがあり、量が食べられないものです。蒸す、煮る、焼くなどの方法で調理してとるとよいでしょう。

主食でも食物繊維を意識！

食物繊維を含むのは野菜だけではありません。主食となるご飯やパンなどからも摂取できます。精製度の低いものほど、食物繊維が多く含まれています。玄米や雑穀ご飯、ライ麦パンや全粒粉入りのパンを選びましょう。

汁物は1日1杯までにしましょう

　汁物のエネルギー量は、具を入れない状態では、みそ汁1杯は約25kcal、吸い物やコンソメスープはそれよりやや少なめです。いずれも、このページに例示した程度の具（貝や野菜、きのこ、海藻など）の汁物なら、1日1杯であればエネルギー量を気にせずに食べてかまいません。

　ただし、豚汁やけんちん汁などのように具だくさんなうえ、材料を油で炒めていたり、ポタージュスープやミネストローネのようにバターや牛乳などを使っていたりする場合は例外です。そうしたエネルギー量が多く、脂質量も多い汁物は「副菜」として扱います。主食がご飯だと、そのつど汁物をつけたくなりがちですが、塩分の面からも1日1杯までにとどめましょう。

みそ汁

いずれも1杯の量は150ml、
みその使用量は12gまで

わかめのみそ汁
わかめ15g/
万能ねぎ1/2本

約30kcal　塩分1.9g

あさりのみそ汁
殻つきあさり100g

約30kcal　塩分1.8g

しじみのみそ汁
殻つきしじみ50g

約40kcal　塩分1.6g

大根のみそ汁
大根30g/
大根の葉20g

約40kcal　塩分1.7g

なめこのみそ汁
なめこ20g/
三つ葉5g

約30kcal　塩分1.7g

白菜と生しいたけのみそ汁
白菜30g/
生しいたけ1/2個

約30kcal　塩分1.7g

吸い物

いずれも1杯の量は150ml、しょうゆの使用量は小さじ1/2、塩少々

麩の吸い物
花麩3個/
三つ葉3g

約10kcal　塩分1.2g

はまぐりの吸い物
殻つきはまぐり大1個

約20kcal　塩分1.3g

たけのこの吸い物
ゆでたけのこ30g/
わかめ10g

約20kcal　塩分1.3g

スープ

コンソメスープ　200ml
コンソメスープの素顆粒
小さじ1杯/塩少々/
パセリのみじん切り少々

約10kcal　塩分1.4g

わかめの中華スープ　150ml
わかめ20g/長ねぎ・ごま油・塩各少々/鶏がらスープの素小さじ2/3

約20kcal　塩分1.3g

チンゲン菜の中華スープ　150ml
チンゲン菜20g/まいたけ20g/ごま油・塩各少々/鶏がらスープの素小さじ1

約20kcal　塩分1.4g

果物を食べる場合は主食を減らす

　果物にはビタミンやミネラル、食物繊維などが含まれ、特にビタミンCの重要な供給源です。それと同時に分解吸収の速い糖質成分（ブドウ糖とショ糖）も多く含むため、食べた直後に血糖値を上昇させやすいという特徴があります。エネルギーの過剰摂取にもつながるので、果物を食べるときは、エネルギー量の調節が必要です。1回に食べる量は、医師や管理栄養士に相談しましょう。

　下記の表に示した果物の分量で、80kcal、糖質20g程度です。この分量を食べる場合は、ご飯50g、食パン30g（6枚切り1/2枚）、バターロール30g（1個）を減らしましょう。

果物		重量	目安量	正味量
いちご		255g	中16粒	250g
りんご		175g	大1/2個	150g
みかん		205g	中2個	170g
グレープフルーツ		260g	中3/4個	200g
バナナ		155g	中1本	90g
なし		240g	大1/2個	200g
桃		235g	大1個	200g
すいか		400g	小玉1/4個	200g
ぶどう（巨峰）		170g	12粒	135g
シャインマスカット		130g	13粒	130g
ぶどう（デラウェア）		160g	大1房	135g
柿		145g	中1個	130g
キウイフルーツ		180g	小2個	150g
メロン		400g	中1/3個	200g
ドライいちじく		30g	小2個	30g
干し柿		32g	3/4個	30g
ドライプルーン		40g	小4個	40g

✔ 糖質の多い野菜、いもにも注意！

果物ではありませんが、いもやかぼちゃ、れんこん、大豆以外の豆類も糖質を多く含みます。ポテトサラダのように糖質の多い食材を使った副菜を食べる場合は、ご飯50g、食パン30g（6枚切り1/2枚）、バターロール30g（1個）を減らしましょう。

- - - - - - - - - - - - - - - - - -

✔ 間食はできるだけ控えましょう

間食をすると、血糖値が高い状態が続きやすくなります。甘いお菓子には、果物同様にブドウ糖や果糖、ショ糖が含まれます。これらの糖質は、吸収が速いため食後血糖値を急上昇させやすいです。お菓子は基本的に食べないようにしましょう。どうしても食べたいときは、間食ではなく、食事のときに少量を食べるようにしましょう。また、食べるなら、エネルギーを消費しやすい午前中や昼間、運動前にとるとよいでしょう。

- - - - - - - - - - - - - - - - - -

✔ おやつの買いおきはNG

お菓子は置いてあると食べたくなるもの。ストックしておくのではなく、どうしても食べたいときに、1回分を買うようにしましょう。また、好きなものは目につくところに置くと、つい食べてしまうので、目の届かない場所に保管しましょう。

※正味量とは、皮や種などを除いた純粋に食べられる量のことです。

アルコールを控える

　アルコールは1gあたり7kcalと高エネルギーです。飲酒する場合も1日の適正なエネルギー摂取量を守りましょう。深酒は肝臓に負担をかけるほか、酔うと気持ちがゆるんで暴飲暴食しがちなので要注意!　飲む回数や量など、主治医と相談して決めましょう。

ポイント1 遅い時間に飲まない

アルコールを遅い時間に飲むと、寝る直前までお酒を飲み、おつまみを食べてしまいがち。飲み終わりの時間を早めに設定しましょう。

ポイント2 お酒だけで飲まない

飲酒して食べすぎるのもよくありませんが、お酒だけ飲むのも肝臓に負担をかけます。飲酒は、夕食時にたしなむ程度にしましょう。

ポイント3 おつまみに注意

おつまみはエネルギー量が高く、味の濃いものが多いです。アルコールもおつまみも、適正なエネルギー摂取量内におさめるようにしましょう。

ポイント4 飲む量に注意

飲みすぎは禁物です。医師に相談し、適量を守りましょう。

1日に飲む酒の目安量（純アルコール量20g）

焼酎(25度)	1/2合(90mℓ)
缶チューハイ(5%)	1本(500mℓ)
ウイスキー	ダブル(60mℓ)
ブランデー	ダブル(60mℓ)
ビール	1本(500mℓ)
日本酒	1合(180mℓ)
ワイン	2杯(220mℓ)
紹興酒	5杯(150mℓ)

※酒の種類によって異なります。

❶ 主食 ＋ 二菜を好みで選びます

本書の献立づくりの仕組みは、20〜21ページで紹介した「1食分の献立の基本」に即しています。つまり、1食分の献立は、「主食」に、おかずとして「主菜」と「副菜」を選んで添えます。必要に応じて「もう一品」を追加します。

このあとの手順に従って料理を選び、表示された材料の重量を守って料理を作る、それだけで、糖尿病の人のための理想的な献立をつくることができます。

❶ 主食を選ぶ

主食は、適正なエネルギー摂取量に応じて分量が決められています。くわしくは25ページをごらんください。もしも果物を食べるのであれば、主食の量を減らしましょう（30ページ参照）。

❷ 主菜を選ぶ

1食につき、34、36〜148ページに紹介している料理の中から、好みのものを1品選びます。本書では、できるだけ野菜類を一緒に煮る、焼く、炒めるといった料理や、野菜類をたくさんつけ合わせた料理を紹介しています。

主菜には、「野菜追加マーク」や「主食減量マーク」がついている場合があります。

「やさい追加マーク」は野菜類の使用量が少ない料理についています。その場合は「もう一品」（192〜217ページ）から、好みの1品を追加しましょう。

「主食減量マーク」はいもなど糖質の多い材料を使った料理についています。くわしくは33ページをごらんください。

❸ 副菜を選ぶ

34、150〜190ページに紹介している料理の中から、❷で選んだ主菜に合う好みの料理を選びます。

汁物は29ページに紹介した程度のエネルギー量のものであれば1日1杯、とってかまいません。

野菜が足りない場合

❹ もう一品を選ぶ

❷で選んだ主菜に「野菜追加マーク」がついているときや、主菜のつけ合わせを省くとき、または主菜と副菜だけではもの足りないときに、192ページ〜217ページに紹介している料理の中から、好みの料理を選びます。

❺ 牛乳・乳製品を選ぶ

栄養のバランスをとるために、決められた量の牛乳・乳製品をとるようにしましょう（26ページ参照）。過剰摂取にならないように注意を。

❷食事量の調整は主食と主菜で行います

本書は、適正なエネルギー摂取量が次の場合に対応できるように考えています。そのエネルギー量は、1200、1400、1600、1800の4つです。

主食と牛乳・乳製品のエネルギー量は、これらの指示エネルギー量に含んで考えられています。

食事量は、それぞれの指示エネルギー摂取量ごとに調整しなければいけませんが、本書では、主食と主菜で行います。

やり方は簡単で、次のとおりです。

主食

主食は、1200、1400、1600、1800の指示エネルギー量ごとに、1食で食べられる量があらかじめ決められています。25ページの表で、あなた自身の指示エネルギー量に応じた量を確認し、その量を守りましょう。量

を守って、好きなものを選んでください。1食ごとに主食の種類を変えてもかまいません。

ただし、主菜に「主食減量マーク」がついている場合には、主食の量を減らしましょう。減らし方は、25ページの表のとおりです。

主食減量マーク

主食減量

主菜

主菜は、指示エネルギー量が「1600・1800 kcal」の場合と、「1200・1400 kcal」の場合とで使用する材料の分量が変わります。

あなたの指示エネルギー量が1600・1800 kcal であれば、料理の材料欄に記載されたとおりの分量で料理を作りましょう。

あなたの指示エネルギー量が1200・1400 kcal であれば、材料欄の下の指示に従ってください。

● 記載の材料は1人分で、1600kcal か 1800kcal を選択する場合の分量になっています。正確を期するため、目安量がわかりにくいものはグラム（重量）表示にしてあります。

● 1200kcal か 1400kcal を選択する場合は、★印のついている材料について、材料欄の下に表示してある指示に従って使う分量を減らしてください。

材料（1人分）
1600・1800kcalを選択する場合
★豚ももかたまり肉（赤身） ………… 70g
A　しょうが（薄切り）……………… 3枚
　　長ねぎの青い部分……… 1/4本
大根…………………………… 1cm（30g）
きゅうり………………………… 1/3本（30g）
　★練り白ごま ………………… 小さじ2
　酢 …………………………… 小さじ1/3
B　しょうゆ …………………… 小さじ1
　みりん ……………………… 小さじ1/2
　だし汁……………………… 小さじ1

★1200・1400kcalを選択する場合
豚ももかたまり肉（赤身）の使用量を50gに、練り白ごまを小さじ1½にします。

21ページから揚げ
献立の
作り方

主菜 鶏胸肉のから揚げ

棒状に切ることでジューシーに！

1600・1800kcalを選択する場合
160kcal 塩分0.8g 糖質8.6g

1200・1400kcalを選択する場合
130kcal 塩分0.6g 糖質8.6g

※鶏もも肉のから揚げの作り方は
p.69に掲載しています。

作り方

1 つけ合わせのキャベツはさっとゆでて冷めたら
水けをしぼってざく切りにする。

2 鶏肉は5mm厚さに切ってから棒状に切る。

3 ボウルに鶏肉とAを合わせてもみ込み、4等分
にして形を丸くととのえる。

4 揚げ油を170度に熱して**3**を入れ、ときどき菜箸
で鶏肉を返しながら、こんがりときつね色になる
まで揚げる。

5 **4**の油をきって皿に盛り、**1**をつけ合わせてレモ
ンを添える。

材料（1人分）
1600・1800kcalを選択する場合

- ★鶏胸肉（皮なし）‥‥‥‥‥‥‥‥ 80g
  キャベツ‥‥‥‥‥‥‥‥‥‥‥‥ 90g
  レモン‥‥‥‥‥‥‥‥‥‥‥‥ 1切れ
  A ┌ しょうゆ‥‥‥‥‥‥ 小さじ1/2
    │ 塩、こしょう‥‥‥‥‥ 各少々
    │ おろしにんにく‥‥‥‥‥‥ 少々
    └ かたくり粉‥‥‥‥‥‥ 小さじ2
  揚げ油‥‥‥‥‥‥‥‥‥‥‥‥ 適量

★1200・1400kcalを選択する場合
→ 鶏胸肉（皮なし）の使用量を60g
にします。

副菜 トマトとわかめに市販のドレッシングをかけるだけ

トマトとわかめのサラダ

材料（1人分）

トマト‥‥‥‥‥‥‥‥‥‥‥ 小1個（120g）
わかめ（塩蔵をもどしたもの）‥‥‥‥‥‥‥ 25g
フレンチドレッシング（市販）‥‥‥‥‥ 小さじ2

60kcal
塩分1.0g
糖質5.0g

作り方

1 トマトは縦半分にしてから1cm厚さに切る。わかめはざく切りにする。

2 器に盛りフレンチドレッシングをかける。

**主食 重量は適正なエネルギー摂取量
に合わせて**

白飯

1800kcalを選択する場合 180g
280kcal 塩分0g 糖質62.3g

1600kcalを選択する場合 150g
235kcal 塩分0g 糖質51.9g

1400kcalを選択する場合 130g
200kcal 塩分0g 糖質45.0g

1200kcalを選択する場合 100g
155kcal 塩分0g 糖質34.6g

主菜

肉や魚介、卵、大豆製品などを使った
献立の要となるおかず

この「主菜」(36～148ページ)の中から1品選びます。

本書では、主食＋二菜（主菜＋副菜）を1食分の献立の基本にしています。この仕組みに従って好みの料理を選び、組み合わせていきます。まず主菜の中から好みのものを1品選びましょう。

1食分はこのように選びます

主菜

副菜
好みのものを1品選びます（150～190ページ）

もう一品
必要に応じて1品追加します（192～217ページ）

主食
（24～25ページ参照）

汁物
低エネルギーなものを1日1杯まで（29ページ参照）

※このように組み合わせた献立を1日3食とるようにするほか、決められた量の牛乳・乳製品をとるようにします（26ページ参照）。

■材料の分量表示はすべて1人分です。
■材料欄は、指示エネルギー量が「1600kcal・1800kcal」の人の使用量です。「1200・1400kcal」の人は、材料欄の下にある指示に従ってください。
■記載のエネルギー量、塩分量、糖質量は、いずれも1人分あたりの目安で、「1600・1800kcal」、「1200・1400kcal」のそれぞれの分量で計算してあります。エネルギー量は、一の位を四捨五入して10kcal刻みで示してあります。塩分量は、材料に含まれる食塩量（食塩相当量）のことです。糖質量は「利用可能炭水化物（質量計）」の数値を使用し、この数値の記載がない場合は「差引法による炭水化物」の数値を使用しています。

●材料の分量は、特に指定がない限り、原則として正味量（野菜ならヘタや皮などを除いた、純粋に食べられる量）で表示してあります。
●材料は、特に指定がない限り、原則として水洗いをすませ、野菜などは皮をむくなどの下ごしらえをしたものを使います。
●家族の分もまとめて作る場合は、材料の分量を人数分だけ掛け算してふやしてください。ただ、そうすると味が濃くなりがちなので、調味料は少なめにすることをおすすめします。

牛肉のオイスターソース炒め ①

チンゲン菜と赤ピーマンを組み合わせて

1600・1800kcalを選択する場合	1200・1400kcalを選択する場合
180kcal 塩分**1.6**g 糖質**3.6**g	**140**kcal 塩分**1.6**g 糖質**3.5**g

材料（1人分）

1600・1800kcalを選択する場合

- ★牛もも薄切り肉（赤身）………… 70g
- チンゲン菜………………… 1株(100g)
- 赤ピーマン………………………… 20g
- オイスターソース…………… 大さじ½
- 塩、こしょう…………………… 各少々
- 植物油………………………… 小さじ1

★1200・1400kcalを選択する場合
牛もも薄切り肉（赤身）の使用量を50gにします。

作り方

1 チンゲン菜は根元を切り落として1枚ずつはがし、鍋に沸かした熱湯に根元のほうから入れて強火でさっとゆで、ざるに上げて、食べやすい長さのざく切りにする。

2 赤ピーマンはヘタと種を除いて一口大の乱切りにする。

3 牛肉は一口大に切る。

4 フライパンに植物油を入れて強火で熱し、3を菜箸でほぐしながら炒める。

5 4の肉の色が変わったら、2、1の順に加えて野菜がしんなりするまで強火のまま炒め合わせ、オイスターソースと塩、こしょうを加えて味つけし、さっとまぜて火を止める。

参考メモ 味つけに使うオイスターソースはカキ油ともいい、生ガキから抽出したエキスで作った、コクのある中国特有の調味料です。カキ油とはいうものの、脂肪分はほとんど含みません。

牛肉のオイスターソース炒め 2

にんじんと玉ねぎ、レタスを組み合わせて

材料（1人分）

1600・1800kcalを選択する場合

★牛もも薄切り肉(赤身)	………	60g
にんじん	………………	2㎝(20g)
玉ねぎ	………………	⅙個(30g)
レタス	………………	2枚(60g)
A	しょうゆ	小さじ½
	みりん	小さじ½
	かたくり粉	小さじ½
B	オイスターソース	小さじ½
	しょうゆ	小さじ⅔
	日本酒	小さじ½
★植物油	………………	小さじ1

1600・1800kcal を選択する場合
180kcal
塩分1.4g
糖質7.2g

1200・1400kcal を選択する場合
130kcal
塩分1.3g
糖質7.2g

➡ ★1200・1400kcalを選択する場合
牛もも薄切り肉（赤身）の使用量を
40gに、植物油を小さじ½にします。

作り方

牛肉は　一口大に切ってボウルに入れ、**A**を加えてま
ぜ、10分ほどおく。

野菜は　にんじんと玉ねぎは食べやすい大きさに切
り、レタスは手で一口大にちぎる。

炒める　フライパンに植物油を入れて強火で熱し、牛
肉を炒める。肉の色が変わったら、野菜を加えて手
早く炒め合わせる。

味つけする　野菜がしんなりしたら、よくまぜ合わせ
ておいた**B**で味つけし、火を止める。

牛肉のオイスターソース炒め 3

レタスだけを組み合わせて

材料（1人分）

1600・1800kcalを選択する場合

★牛もも薄切り肉(赤身)	………	70g
レタス	………………	2枚(60g)
A	だし汁	小さじ⅓
	しょうゆ	小さじ½
	日本酒	小さじ1
	こしょう	少々
	オイスターソース	小さじ1
植物油	………………	小さじ1

1600・1800kcal を選択する場合
170kcal
塩分1.2g
糖質2.6g

1200・1400kcal を選択する場合
140kcal
塩分1.2g
糖質2.5g

➡ ★1200・1400kcalを選択する場合
牛もも薄切り肉（赤身）の使用量を
50gにします。

作り方

牛肉は　一口大に切り、**A**をもみ込む。

レタスは　食べやすい大きさに手でちぎる。

炒める　フライパンに植物油と牛肉を入れて熱し、牛
肉をほぐしながら炒める。肉の色が変わったらレタ
スを加えて手早く炒め合わせる。レタスがしんなり
したら、火を止める。

牛肉とピーマンの細切り炒め

1600・1800kcalを選択する場合	1200・1400kcalを選択する場合
180kcal 塩分1.5g 糖質5.4g	**140**kcal 塩分1.1g 糖質4.7g

作り方

1 ピーマンは縦半分に切ってヘタと種をとり除き、端から縦に、太さをそろえて細く切る。

2 たけのこも、ピーマンと長さ、太さをそろえて、せん切りにする。

3 牛肉は端から5～6mm幅の細切りにする。

4 フライパンに植物油とAを入れ、弱火で炒める。香りが出てきたら1～3を加えて強火で炒め合わせ、野菜がややしんなりしたら火を弱めてオイスターソースとしょうゆで味つけする。最後にまぜ合わせたBを回し入れてとろみをつけ、火を止める。

材料（1人分）
1600・1800kcalを選択する場合

- ★牛もも薄切り肉（赤身）………… 60g
- ピーマン ……………… 1 ½個（60g）
- ゆでたけのこ…………………… 40g
- A
  - 長ねぎ（みじん切り）……… 少々
  - しょうが（みじん切り）……… 少々
  - にんにく（みじん切り）……… 少々
- ★オイスターソース………… 大さじ ½
- しょうゆ………………………小さじ ½
- 植物油……………………………小さじ 1
- B
  - かたくり粉 ………… 小さじ ½
  - 水 ……………………… 大さじ 1

➤ ★1200・1400kcalを選択する場合
牛もも薄切り肉（赤身）の使用量を35gに、オイスターソースを小さじ1にします。

漬け汁の油を利用してフライパンで焼く　# 牛肉のマリネ焼き

作り方

1　ピーマン類と玉ねぎは縦3等分に切る。にんにくは薄切りにする。

2　牛肉は一口大に切る。

3　バットに1と2を入れ、よくまぜ合わせたAをからめて1時間ほど漬けておく。

4　フライパンを強火で熱して3の牛肉と野菜類を漬け汁ごと（1人分だと、牛肉と野菜類にしみ込んでしまうことが多い）入れ、強火で焼く。牛肉は色が変わったら器にとり、野菜はさらにややしんなりするまで焼く。

5　牛肉を盛った皿に、野菜を彩りよく盛り合わせる。

材料（1人分）

1600・1800kcalを選択する場合

★牛もも薄切り肉(赤身)	50g
ピーマン	¼個(10g)
赤ピーマン	10g
黄ピーマン	10g
玉ねぎ	¼個(45g)
にんにく	½片
A 酢	大さじ1
塩	小さじ⅙
こしょう	少々
★粒マスタード	大さじ½
★オリーブ油	小さじ1½

★1200・1400kcalを選択する場合
牛もも薄切り肉(赤身)の使用量を35gに、粒マスタードとオリーブ油を各小さじ1にします。

ここに注目　野菜もたっぷり使ったおすすめメニューです。

1600・1800kcalを選択する場合
190kcal　塩分1.5g　糖質5.4g

1200・1400kcalを選択する場合
140kcal　塩分1.2g　糖質5.1g

牛肉の野菜巻き ①

にんじんとしいたけ、万能ねぎを組み合わせて焼く

1600・1800kcalを選択する場合	1200・1400kcalを選択する場合
180kcal 塩分1.4g 糖質5.3g	**140**kcal 塩分1.3g 糖質5.3g

材料（1人分）
1600・1800kcalを選択する場合

- ★牛もも薄切り肉（赤身）…… 60g
- にんじん ……………… 2cm（20g）
- 万能ねぎ………………… 4本
- 生しいたけ ……………… 2個
- A [しょうゆ………… 大さじ½
-    みりん…………… 小さじ1
- 小麦粉 ………………… 少々
- ★植物油 ………………… 小さじ1

★1200・1400kcalを選択する場合
牛もも薄切り肉（赤身）の使用量を45gに、植物油を小さじ½にします。

作り方

1 にんじんは長さを牛肉の幅に合わせて切り、細切りにする。これを鍋に沸かした熱湯でさっと強火でゆで、水けをきっておく。

2 万能ねぎは長さを牛肉の幅に合わせて切り、生しいたけは軸を切り落として薄切りにする。

3 まな板の上に牛肉を1枚ずつ広げてのせ、小麦粉を薄く振って、余分な粉は手ではたき落とす。この上に1と2をのせてクルクルと巻く。

4 フライパンに植物油を入れて熱し、3を巻き終わりを下にして入れて中火で焼く。箸で転がしながら全体に焼き色をつけ、Aを加えてからめ、火を止める。

5 4を斜め半分に切って器に盛る。

牛肉の野菜巻き ❷

にんじんとさやいんげんを組み合わせて焼く

材料（1人分）

1600・1800kcalを選択する場合

★牛もも薄切り肉（赤身）…………	60g	
にんじん ……………	3cm（30g）	
さやいんげん………………	3本	
サニーレタス …………	½枚（10g）	
こしょう………………………	少々	
A ┌ ウスターソース ……	小さじ⅔	
├ トマトケチャップ……	小さじ⅔	
└ 粒マスタード………	小さじ⅔	
★植物油…………………	小さじ1	

1600・1800kcal を選択する場合
170kcal
塩分0.7g
糖質4.7g

1200・1400kcal を選択する場合
130kcal
塩分0.6g
糖質4.7g

➡ ★1200・1400kcalを選択する場合
牛もも薄切り肉（赤身）の使用量を
45gに、植物油を小さじ½にします。

作り方

野菜は　にんじんは長さを牛肉の幅に合わせて切り、
　細切りにする。さやいんげんは筋をとる。それぞれ
　鍋に沸かした熱湯でさっと強火でゆで、水けをきっ
　ておく。

巻く　まな板の上に牛肉を1枚ずつ広げ、軽くこしょ
　うを振って、この上に野菜をのせて巻く。

焼く　フライパンに植物油を入れて熱し、野菜を巻い
　た牛肉を巻き終わりを下にして入れて中火で焼く。
　箸で転がしながら全体に焼き色をつけ、火を止める。

盛りつける　焼き上がった牛肉の野菜巻きを斜め半
　分に切り、食べやすい大きさにちぎったサニーレタ
　スとともに器に盛り、よくまぜ合わせたAを添える。

牛肉の野菜巻き ❸

ごぼうとにんじん、さやいんげんを組み合わせて煮る

材料（1人分）

1600・1800kcalを選択する場合

★牛もも薄切り肉（赤身）…………	70g	
ごぼう…………………	¼本（40g）	
にんじん …………	2cm（20g）	
さやいんげん………………	3本	
貝割れ菜……………	⅛パック（10g）	
A ┌ だし汁 ………………	¼カップ	
├ しょうゆ …………	小さじ1	
├ みりん …………	小さじ½	
└ おろしにんにく ……	小さじ¼	

1600・1800kcal を選択する場合
170kcal
塩分1.1g
糖質4.0g

1200・1400kcal を選択する場合
140kcal
塩分1.1g
糖質3.9g

➡ ★1200・1400kcalを選択する場合
牛もも薄切り肉（赤身）の使用量を
50gにします。

作り方

野菜は　ごぼうは皮をこそげ、長さを牛肉の幅に合わせて
　切り、四つ割りにする。水につけてアクを抜き、水けをふ
　く。にんじんも長さを牛肉に合わせて切り、5mm角の拍
　子木切りにする。さやいんげんは筋をとる。

巻く　まな板の上に牛肉を1枚ずつ広げ、この上に野菜を
　のせて巻く。

煮る　鍋にAを入れて煮立て、野菜を巻いた牛肉を巻き終
　わりを下にして並べ入れて弱めの中火で15〜20分煮、
　火を止める。

盛りつける　牛肉の野菜巻きを食べやすい大きさに切っ
　て器に盛り、長さを3等分に切った貝割れ菜を添える。

牛肉とごぼうのいり煮

1600・1800kcalを選択する場合	1200・1400kcalを選択する場合
170kcal 塩分**1.5g** 糖質**3.5g**	**140**kcal 塩分**1.0g** 糖質**2.7g**

作り方

1 ごぼうは包丁の背で皮をこそげて流水で洗い流し、太めのささがきにする。

2 牛肉は食べやすい大きさに切る。

3 鍋に植物油を入れて熱し、**1**を加えて油がまわるまで炒める。**A**を加えて汁けが⅓以下になるまで炒め煮にする。

4 牛肉を加え、汁けがほぼなくなるまでほぐしながら煮る。

材料（1人分）
1600・1800kcalを選択する場合

- ★牛もも薄切り肉（赤身）・・・・・・・・・・ 60g
- ごぼう・・・・・・・・・・・・・・・・・ ¼本（40g）
- **A** ┌ だし汁・・・・・・・・・・・・・・・ ½カップ
- ★しょうゆ・・・・・・・・・・・・・・ 大さじ½
- ★みりん・・・・・・・・・・・・・・・ 大さじ½
- 植物油・・・・・・・・・・・・・・・・ 小さじ½

→ ★1200・1400kcalを選択する場合
牛もも薄切り肉（赤身）の使用量を45gに、しょうゆとみりんを各小さじ1にします。

アドバイス ごぼうを同量のれんこんにかえて作ってもおいしくできます。なお、好みで、器に盛ってから七味とうがらし少々を振りかけてもよいでしょう。

牛肉の柳川風

とき卵でふんわりととじた

作り方

1. ごぼうは包丁の背で皮をこそげて流水で洗い流し、ささがきにして、切ったはしから水に5分間つけてアクを抜き、ざるに上げて水けをきる。

2. 三つ葉は3〜4cm長さに切る。

3. 牛肉は一口大に切る。卵はときほぐしておく。

4. 平鍋に**A**を入れて煮立て、**1**を入れて中火で2〜3分煮る。ここに**3**の牛肉を加え、菜箸でまぜながら肉の色が変わるまで火を通す。

5. **4**にとき卵を回し入れて強火で一煮したら火を止めてふたをし、そのまま1〜2分蒸らしてから、煮汁ごと器に盛って、**2**を散らす。

材料（1人分）

1600・1800kcalを選択する場合

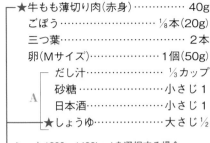

- ★牛もも薄切り肉（赤身）………… 40g
- ごぼう………………………… ⅛本（20g）
- 三つ葉………………………… 2本
- 卵（Mサイズ）……………… 1個（50g）

A
- だし汁…………………… ⅓カップ
- 砂糖……………………… 小さじ1
- 日本酒…………………… 小さじ1
- ★しょうゆ……………… 大さじ½

★1200・1400kcalを選択する場合
牛もも薄切り肉（赤身）の使用量を20gに、しょうゆを小さじ1にします。

1600・1800kcalを選択する場合	1200・1400kcalを選択する場合
180kcal 塩分1.6g 糖質4.1g	**140**kcal 塩分1.2g 糖質4.0g

さっぱりめの味つけがおいしい

すき焼き風煮物

1600・1800kcalを選択する場合		
190kcal	塩分1.6g	糖質11.1g

1200・1400kcalを選択する場合		
140kcal	塩分1.5g	糖質10.8g

作り方

1　焼き豆腐は3等分に切る。

2　しらたきは食べやすい長さに切り、鍋に沸かした熱湯で1分ほど強火でゆで、ざるに上げて水けをきる。

3　春菊はかたい茎の部分を切り落とし、4cm長さに切る。長ねぎは斜め切りにする。

4　牛肉は食べやすい大きさに切る。

5　鍋にAを入れて強火で煮立て、しらたき、焼き豆腐、長ねぎ、牛肉、春菊の順に加えて、材料に火が通るまで弱めの中火で煮る。

材料（1人分）
1600・1800kcalを選択する場合

★牛もも薄切り肉（赤身）	……………	50g
★焼き豆腐	……………………	50g
しらたき	…………………………	30g
春菊	…………………………	¼束(50g)
長ねぎ	……………………………	⅓本(20g)
A	だし汁	………………… ½カップ
	砂糖	………………… 大さじ½
	日本酒	……………… 大さじ½
	しょうゆ	…………… 大さじ½

★1200・1400kcalを選択する場合
牛もも薄切り肉（赤身）の使用量を30gに、焼き豆腐を30gにします。

ほっくりと煮た人気の和風おかず # 肉じゃが

作り方

1 じゃがいもとにんじんは食べやすい大きさの乱切りにし、じゃがいもは水につける。玉ねぎはくし形に切る。

2 牛肉は長さを3〜4つに切る。

3 鍋に植物油としょうがを入れて弱火にかけ、香りが出てきたら1と2を加えて強火で炒め合わせる。肉の色が変わったらだし汁をひたひたに注ぎ、強火で煮立てる。火を弱めて表面のアクをすくいとり、砂糖を加えて中火で3〜4分煮、いもに甘みを含ませる。

4 3にみりんとしょうゆを加え、落としぶたをして弱めの中火で汁けがなくなるまで煮る。

5 4を器に盛り、筋をとってゆで斜め切りにしたさやいんげんを散らす。

材料(1人分)
1600・1800kcalを選択する場合

- ★牛もも薄切り肉(赤身) ………… 65g
- ★じゃがいも……………… 1個(100g)
- 玉ねぎ………………… 1/6個(30g)
- にんじん ………………… 2cm(20g)
- さやいんげん ………………… 2本
- しょうが(薄切り) ……………… 2枚
- だし汁…………………………適量
- 砂糖 ……………………… 小さじ1
- しょうゆ………………… 小さじ2
- みりん ……………………… 小さじ1
- 植物油……………………… 小さじ1

★1200・1400kcalを選択する場合
牛もも薄切り肉(赤身)の使用量を40gに、じゃがいもを1/2個(50g)にします。

主食減量	1600・1800kcalを選択する場合 260kcal 塩分2.0g 糖質24.8g	1200・1400kcalを選択する場合 190kcal 塩分1.9g 糖質17.0g

脂肪の少ないヒレ肉を使った **牛肉ときのこのトマト煮**

1600・1800kcalを選択する場合	1200・1400kcalを選択する場合
190kcal 塩分1.6g 糖質5.8g	**140**kcal 塩分1.5g 糖質5.8g

作り方

1 玉ねぎは薄切りにする。しめじは根元を切り落とし、まいたけとともに小分けにする。

2 牛肉はまな板にのせてめん棒などで全体を軽くたたいてから（繊維をつぶして、肉をやわらかくするため）、一口大に切る。

3 鍋に植物油を入れて熱し、**1**を強火で炒める。全体に油が回ったら**2**を加えてさらに炒め合わせる。

4 肉の色が変わったらトマトを手でつぶしながら加え、しょうゆも加えて弱火にし5〜6分煮込む。最後に塩とこしょうで味つけし、火を止める。

5 **4**を器に盛り、パセリを散らす。

材料（1人分）
1600・1800kcalを選択する場合

┌─★牛ヒレ肉······························ 60g
│ 玉ねぎ······························ ⅙個(30g)
│ しめじ····················· ⅓パック(30g)
│ まいたけ··············· ⅓パック(30g)
│ トマト(水煮缶詰)···················· 80g
│ パセリ(みじん切り)··············少々
│ しょうゆ··························小さじ1
│ 塩、こしょう······················各少々
└─★植物油························小さじ1

└──▶ ★1200・1400kcalを選択する場合
牛ヒレ肉の使用量を40gに、植物油を小さじ½にします。

牛肉と大根の韓国風煮込み

こっくりとしたあめ色が
おいしさのサイン

作り方

1　大根は一口大の斜め乱切りにする。

2　しょうがとにんにくはみじん切りにする。

3　牛肉は1cm幅に切る。

4　鍋にごま油と**2**、赤とうがらしを入れて弱火で
　　炒め、香りが出てきたら**3**と**1**を加えて強火で
　　よく炒め合わせる。

5　肉の色が変わったら**A**を加え、煮立ったら弱
　　火にし、大根が透明になって煮汁がなくなる
　　まで煮込む。

6　器に盛り、いりごまを振りかける。

材料(1人分)
1600・1800kcalを選択する場合

★牛ヒレ肉・・・・・・・・・・・・・・・・・・・・・ 50g
　大根・・・・・・・・・・・・・・・・・・・ 3cm(100g)
　しょうが(薄切り)・・・・・・・・・・・・ 2～3枚
　にんにく ・・・・・・・・・・・・・・・・・・・・・ ½片
　赤とうがらし(小口切り)・・・・・・・ ½本分
A｛
　水 ・・・・・・・・・・・・・・・・・・・・・・ 1カップ
　砂糖・・・・・・・・・・・・・・・・・・・・ 小さじ1
　しょうゆ・・・・・・・・・・・・・・・・ 大さじ½
　コチュジャン・・・・・・・・・・・ 小さじ1
★ごま油・・・・・・・・・・・・・・・・・・・ 小さじ1
　いり白ごま・・・・・・・・・・・・・・・・ 小さじ⅓

★1200・1400kcalを選択する場合
牛ヒレ肉の使用量を35gに、ごま油を
小さじ½にします。

参考メモ コチュジャンは、韓国の調味料でとうがらしみ
そのこと。大型スーパーや百貨店の食料品売
り場などで売られています。

1600・1800kcalを選択する場合
190kcal 塩分1.8g 糖質9.5g

1200・1400kcalを選択する場合
140kcal 塩分1.7g 糖質9.4g

もやしとにら、キャベツ、にんじんなどを組み合わせて

1600・1800kcalを選択する場合	1200・1400kcalを選択する場合
180kcal 塩分**1.6**g 糖質**3.1**g	**140**kcal 塩分**1.6**g 糖質**3.0**g

材料（1人分）

1600・1800kcal を選択する場合

★豚もも薄切り肉（赤身）‥‥‥‥‥‥ 80g	
もやし‥‥‥‥‥‥‥‥‥‥‥ ⅕袋（50g）	
にら‥‥‥‥‥‥‥‥‥‥‥‥ ¼束（25g）	
キャベツ‥‥‥‥‥‥‥‥‥‥ ½枚（30g）	
にんじん‥‥‥‥‥‥‥‥‥‥ 1cm（10g）	
きくらげ（乾燥）‥‥‥‥‥‥‥‥‥ 2枚	
にんにく（みじん切り）‥‥‥‥ 小さじ½	
塩‥‥‥‥‥‥‥‥‥‥‥‥‥‥ 小さじ¼	
こしょう‥‥‥‥‥‥‥‥‥‥‥‥‥ 少々	
植物油‥‥‥‥‥‥‥‥‥‥‥‥ 小さじ1	

★1200・1400kcalを選択する場合
豚もも薄切り肉（赤身）の使用量を
60gにします。

作り方

1 きくらげはたっぷりの水に20〜30分つけてもどし、石づきをとって小さく切る。

2 もやしはひげ根をつみとる。

3 にらは3〜4cm長さに、キャベツは3cm角に切る。にんじんは短冊切りにする。

4 豚肉は一口大に切る。

5 フライパンに植物油を入れて熱し、4とにんにくを強火で炒める。肉の色が変わったところで1〜3を加えて手早く炒め合わせ、野菜がややしんなりしたら塩とこしょうで味つけし、火を止める。

アドバイス 豚もも薄切り肉を豚ロース薄切り肉にかえてもかまいません。その場合の使用量は、1600・1800kcalを選択する人は50g、1200・1400kcalを選択する人は30gになります。

48

肉野菜炒め **2**

にらだけを組み合わせて

材料（1人分）

1600・1800kcalを選択する場合

	1600・1800kcalを選択する場合
★豚もも薄切り肉（赤身）‥‥‥‥ 80g	**160**kcal
にら‥‥‥‥‥‥‥ ½束（50g）	塩分1.1g
赤とうがらし（小口切り）‥‥‥ 少々	糖質1.2g

	1200・1400kcalを選択する場合
塩‥‥‥‥‥‥‥‥‥‥ 小さじ⅙	**130**kcal
こしょう‥‥‥‥‥‥‥‥‥ 少々	塩分1.1g
植物油‥‥‥‥‥‥‥‥‥ 小さじ1	糖質1.1g

➡ ★1200・1400kcalを選択する場合
豚もも薄切り肉（赤身）の使用量を
60gにします。

作り方

豚肉は　一口大に切る。

にらは　ざく切りにする。

炒める　フライパンに植物油と赤とうがらしを入れて
　弱火で炒め、赤とうがらしの香りが出てきたら強火
　にして豚肉を炒める。肉の色が変わったらにらを加
　えて手早く炒め合わせる。

味つけする　にらがややしんなりしたら、塩とこしょう
　で味つけし、火を止める。

アドバイス 豚もも薄切り肉を豚ロース薄切り肉
にかえてもかまいません。その場合の
使用量は、1600・1800kcalを選択する人は50g、
1200・1400kcalを選択する人は35gになります。

肉野菜炒め **3**

にんにくの芽としめじを組み合わせ、ピリ辛味に

材料（1人分）

1600・1800kcalを選択する場合

	1600・1800kcalを選択する場合
★豚もも薄切り肉（赤身）‥‥‥‥ 60g	**170**kcal
にんにくの芽‥‥‥‥‥‥ ⅔束（60g）	塩分1.8g
しめじ‥‥‥‥‥‥ ½パック（50g）	糖質5.5g

	1200・1400kcalを選択する場合
┌ しょうゆ‥‥‥‥‥ 大さじ½	**140**kcal
A ｜ 日本酒‥‥‥‥‥‥ 小さじ1	塩分1.7g
｜ 豆板醤‥‥‥‥‥ 小さじ⅕	糖質5.5g
└ 塩‥‥‥‥‥‥‥‥ 少々	

植物油‥‥‥‥‥‥‥‥‥ 小さじ1

➡ ★1200・1400kcalを選択する場合
豚もも薄切り肉（赤身）の使用量を
40gにします。

作り方

豚肉は　食べやすい大きさに切る。

野菜類は　にんにくの芽は3cm長さに切り、鍋に沸か
　した熱湯でさっと強火でゆでて、水けをきっておく。
　しめじは根元を切り落として、小分けにする。

炒める　フライパンに植物油を入れて強火で熱し、豚
　肉を炒める。肉の色が変わったら野菜類を加えて炒
　め合わせる。

味つけする　しめじがややしんなりしたら、よくまぜ
　合わせたAを回し入れて全体にからめ、火を止める。

豚肉とキャベツのみそ炒め 1

長ねぎを組み合わせ、中華調味料で本格味に

1600・1800kcalを選択する場合	1200・1400kcalを選択する場合
190kcal 塩分1.3g 糖質8.3g	**150**kcal 塩分1.2g 糖質8.3g

材料（1人分）

1600・1800kcalを選択する場合

- ★豚もも薄切り肉（赤身） …………… 60g
- キャベツ ………………… 1 ½枚（90g）
- 長ねぎ ………………………… ⅙本（10g）
- しょうが（みじん切り）………… 少々
- A
  - 甜麺醤〔テンメンジャン〕 ……………… 小さじ2
  - しょうゆ………………… 小さじ⅓
  - 日本酒 ………………… 小さじ2
- ★植物油………………………… 小さじ1

★1200・1400kcalを選択する場合
豚もも薄切り肉（赤身）の使用量を
45gに、植物油を小さじ½にします。

作り方

1 キャベツは3〜4cm角に切る。

2 長ねぎは約1cm幅の斜め切りにする。

3 豚肉は3〜4cm長さに切る。

4 Aを小さいボウルに入れ、よくまぜ合わせておく。

5 フライパンに植物油を入れて中火で熱し、しょうがと2を炒める。香りが出てきたら4を加えて炒め、肉の色が変わったら4を入れて炒め合わせる。

6 汁けが減り、肉に調味料がからんできたらキャベツを加えて火が通るまで炒め合わせて火を止める。

豚肉とキャベツのみそ炒め 3

はるさめとにんじん、しめじを組み合わせ、甘口みそで

材料（1人分）

1600・1800kcalを選択する場合

	1600・1800kcal を選択する場合
	180kcal 塩分1.4g 糖質15.4g

- ★豚もも薄切り肉（赤身）………… 40g
- ★はるさめ（乾燥）………………… 10g
- キャベツ ………………… ½枚（30g）
- にんじん ………………… 2cm（20g）
- しめじ ………………… ¼パック（25g）
- しょうが（みじん切り）………… 少々

A
- みそ（甘口）………… 大さじ½
- 砂糖 ………………… 小さじ½
- 日本酒 ………………… 小さじ½
- しょうゆ ………………… 小さじ1

- ★植物油 ………………… 小さじ1

	1200・1400kcal を選択する場合
	130kcal 塩分1.4g 糖質11.4g

➡ ★1200・1400kcalを選択する場合
豚もも薄切り肉（赤身）の使用量を
30gに、はるさめを5gに、植物油を小
さじ½にします。

作り方
はるさめは　もどして水けをきり、食べやすい長さに切る。
豚肉は　2cm幅に切る。
野菜類は　キャベツはざく切りにし、にんじんは短冊切り
にする。しめじは根元を切り落とし、小分けにする。
炒める　フライパンに植物油としょうがを入れて弱火で炒
め、香りが出てきたら強火にして豚肉を炒める。肉の色
が変わったら野菜とはるさめを順に加えて手早く炒め合
わせる。
味つけする　野菜がややしんなりしたら、よくまぜ合わせ
たAを回し入れて全体にからめ、火を止める。

豚肉とキャベツのみそ炒め 2

ピーマン、長ねぎを組み合わせ、辛口みそで

材料（1人分）

1600・1800kcalを選択する場合

	1600・1800kcal を選択する場合
	190kcal 塩分1.6g 糖質6.1g

- ★豚もも薄切り肉（赤身）………… 60g
- キャベツ ………………… 1枚（60g）
- ピーマン ………………… ½個（20g）
- 長ねぎ ………………… ⅙本（10g）
- しょうが（みじん切り）………… 少々
- にんにく（みじん切り）………… 少々

A
- みそ（辛口）………… 大さじ½
- 砂糖 ………………… 小さじ½
- 日本酒 ………………… 小さじ2
- しょうゆ ………………… 小さじ½
- ラー油 ………………… 少々

- ★ごま油 ………………… 小さじ1

	1200・1400kcal を選択する場合
	140kcal 塩分1.5g 糖質6.1g

➡ ★1200・1400kcalを選択する場合
豚もも薄切り肉（赤身）の使用量を
40gに、ごま油を小さじ½にします。

作り方
豚肉は　食べやすい大きさに切る。
野菜は　キャベツはざく切りにし、ピーマンはヘタと種を
とって乱切りにする。長ねぎは薄い斜め切りにする。
炒める　フライパンにごま油としょうが、にんにくを入れ
て弱火で炒め、香りが出てきたら強火にして豚肉と長ね
ぎを炒める。肉の色が変わったらキャベツとピーマン
を加えて手早く炒め合わせる。
味つけする　野菜がややしんなりしたら、よくまぜ合わせ
たAを回し入れて全体にからめ、火を止める。

参考メモ　ふつうのピーマンを使いましたが、彩りをよくす
るために赤ピーマンにかえることもできます。

豚肉のキムチ炒め

1600・1800kcalを選択する場合	1200・1400kcalを選択する場合
180kcal 塩分2.0g 糖質4.7g	**140**kcal 塩分2.0g 糖質4.7g

作り方

1 きくらげはたっぷりの水に20～30分つけてもどし、石づきをとって小さく切る。

2 もやしはひげ根をつみとり、にらは3cm長さに切る。キャベツは3～4cm角に切り、にんじんは薄い短冊切りにする。

3 白菜キムチは漬け汁をしぼらずにざく切りにする。

4 豚肉は1枚ずつ広げて、食べやすい大きさに切る。

5 フライパンに植物油を入れて強火で熱し、**4**を炒める。肉の色が変わったら**1**と**2**を加えて炒め合わせる。

6 野菜がややしんなりしたら**3**と日本酒を加えて軽く炒め、塩とこしょうで味つけし、火を止める。

材料(1人分)
1600・1800kcalを選択する場合

┌─★豚もも薄切り肉(赤身)‥‥‥‥‥‥ 70g
│ 白菜キムチ(市販品)‥‥‥‥‥‥‥ 30g
│ もやし‥‥‥‥‥‥‥‥‥‥‥ 1/5袋(50g)
│ にら‥‥‥‥‥‥‥‥‥‥‥‥ 1/3束(30g)
│ キャベツ‥‥‥‥‥‥‥‥‥‥ 1/2枚(30g)
│ にんじん‥‥‥‥‥‥‥‥‥‥ 2cm(20g)
│ きくらげ(乾燥)‥‥‥‥‥‥‥‥‥‥ 2枚
│ 日本酒‥‥‥‥‥‥‥‥‥‥‥‥‥小さじ2
│ 塩‥‥‥‥‥‥‥‥‥‥‥‥‥‥小さじ1/6
│ こしょう‥‥‥‥‥‥‥‥‥‥‥‥‥‥少々
└─★植物油‥‥‥‥‥‥‥‥‥‥‥‥‥小さじ1

 └→ ★1200・1400kcalを選択する場合
    豚もも薄切り肉(赤身)の使用量を
    50gに、植物油を小さじ1/2にします。

香ばしいしょうがじょうゆをからめた

豚肉のしょうが焼き

作り方

1　玉ねぎは薄切りにする。

2　豚肉は長さを半分に切る。

3　ボウルに**A**を入れてよくまぜ、ここに**1**と**2**を入れて10分ほど漬け込む。

4　キャベツはせん切りにし、ミニトマトは縦半分に切る。

5　フライパンに植物油を入れて強火で熱し、**3**を焼きつける。肉の色が変わったら漬け汁も加えてからめ、火を止める。

6　皿に**5**を盛り、**4**ときゅうり、パセリなどをつけ合わせる。

材料（1人分）

1600・1800kcalを選択する場合

- ★豚もも薄切り肉（赤身）……………60g
- 玉ねぎ………………………⅙個（30g）
- キャベツ……………………½枚（30g）
- ミニトマト……………………………1個
- きゅうり（薄い輪切り）………………3枚
- パセリ…………………………………少々

A
- しょうゆ……………………小さじ1
- 日本酒………………………小さじ1
- 砂糖…………………………大さじ½
- おろししょうが………小さじ½
- ★植物油……………………………小さじ1

→　★1200・1400kcalを選択する場合
豚もも薄切り肉（赤身）の使用量を45gに、植物油を小さじ½にします。

ここに注目
脂身の少ない部位を使うので、一般のしょうが焼きより低エネルギーに仕上がります。

1600・1800kcalを選択する場合
170kcal 塩分1.0g 糖質9.0g

1200・1400kcalを選択する場合
130kcal 塩分0.9g 糖質9.0g

辛みのきいた野菜ソースが美味

豚肉のメキシカン風

作り方

1 玉ねぎは薄切りにし、赤ピーマンは細切りにする。
 ししとうがらしはヘタを切り落とし、1cm幅に切る。

2 豚肉は厚みを3等分に切り分け、まな板にのせてめ
 ん棒などで全体を軽くたたく。

3 グリルパンまたはフッ素樹脂加工のフライパンを
 熱し、油を使わずに、**2**を中火でこんがりと焼いて
 軽く塩、こしょうを振り、皿に盛る。

4 フライパンに植物油と赤とうがらしを入れて弱火
 にかけ、香りが出てきたら**1**を入れて強火で炒め合
 わせる。全体に油が回ったら**A**を加えて弱火で5
 ～6分煮て、**3**の豚肉の上からかけ、あればセルフ
 ィーユ(ハーブの一種)少々を添える。

材料(1人分)
 1600・1800kcalを選択する場合

┌─ ★豚ヒレ肉‥‥‥‥‥‥‥‥‥‥ 80g
│ 玉ねぎ‥‥‥‥‥‥‥‥‥ ¼個(45g)
│ 赤ピーマン‥‥‥‥‥‥‥‥‥ 10g
│ ししとうがらし‥‥‥‥‥‥‥ 2本
│ 赤とうがらし(小口切り)‥‥‥ ½本分
│ **A** ┌ スープ‥‥‥‥‥‥‥ ¼カップ
│   └ チリソース‥‥‥‥‥小さじ2
│ 塩、こしょう‥‥‥‥‥‥‥ 各少々
│ 植物油‥‥‥‥‥‥‥‥‥‥ 小さじ1
│ ※スープは、コンソメスープの素(顆粒)小さじ⅓を湯
│ ¼カップでといたもの。
│
└─▶ ★1200・1400kcalを選択する場合
   豚ヒレ肉の使用量を60gにします。

54

風味のよいごまだれをからめた

豚肉の南部蒸し

作り方

1　豚肉は一口大に切る。

2　ボウルにAを合わせてよくまぜ、1を入れて全体にからめ、そのまま5分ほどおいておく。

3　ほうれんそうは鍋に沸かした熱湯で強火でさっとゆで、水にとって水けをしぼり、4〜5cm長さに切る。

4　皿に2を盛って蒸気の上がった蒸し器に入れ、5〜6分強火で蒸す。皿をとり出し、3を添える。

材料（1人分）

1600・1800kcalを選択する場合

- ★豚もも薄切り肉（赤身）………… 70g
- ほうれんそう………………… 1株（30g）
- A
  - ★しょうゆ……………… 大さじ½
  - ★みりん………………… 大さじ½
  - 砂糖…………………… 小さじ½
  - すり白ごま…………… 小さじ1
  - 赤とうがらし（小口切り）… ½本分

★1200・1400kcalを選択する場合

豚もも薄切り肉（赤身）の使用量を60gに、しょうゆとみりんを各小さじ1にします。

ここに注目　豚肉は良質なタンパク質を含む食品です。脂肪の少ないもも肉を使って、低エネルギーに仕上げたおすすめメニューのひとつです。

1600・1800kcalを選択する場合	1200・1400kcalを選択する場合
170kcal　塩分1.4g　糖質4.3g	140kcal　塩分1.0g　糖質3.5g

豚肉の冷しゃぶサラダ ①

キャベツときゅうり、にんじんと合わせ、ごまマヨネーズで

1600・1800kcalを選択する場合	1200・1400kcalを選択する場合
160kcal 塩分1.5g 糖質5.1g	**140**kcal 塩分1.4g 糖質5.1g

材料（1人分）

1600・1800kcalを選択する場合

- ★豚もも薄切り肉（赤身）‥‥‥ 60g
- キャベツ ‥‥‥‥‥‥‥ 1枚（60g）
- きゅうり ‥‥‥‥‥‥‥ ½本（50g）
- にんじん ‥‥‥‥‥‥‥ 3cm（30g）

A
- マヨネーズ ‥‥‥‥ 小さじ1
- レモンのしぼり汁 ‥‥ 小さじ½
- 練り白ごま ‥‥‥‥ 小さじ½
- しょうゆ ‥‥‥‥‥ 大さじ½
- だし汁 ‥‥‥‥‥‥ 小さじ1

★1200・1400kcalを選択する場合
豚もも薄切り肉（赤身）の使用量を40gにします。

作り方

1 キャベツは4〜5cm角、にんじんはせん切りにする。鍋に沸かした熱湯に合わせて入れ、さっとゆでてざるに上げる。

2 きゅうりは縦半分に切ってから、斜め薄切りにする。

3 ボウルにAを入れ、よくまぜ合わせてごまマヨネーズを作る。

4 鍋に沸かした熱湯に豚肉を1枚ずつ広げて入れ、完全に火が通ったら冷水にとり、水けをふいて長さを半分に切る。

5 皿に1と2の野菜を彩りよく盛り合わせ、その上に4をのせて3をかける。

56

豚肉の冷しゃぶサラダ 3

大根ときゅうり、にんじんと合わせ、梅ドレッシングで

材料（1人分）
1600・1800kcalを選択する場合

1600・1800kcal を選択する場合
170kcal 塩分**1.1**g 糖質**3.9**g

- ★豚もも肉(赤身・しゃぶしゃぶ用)‥ 80g
- 大根 ………………………… 40g
- きゅうり ………………… ⅓本(30g)
- にんじん ………………… 2cm(20g)
- 青じそ ……………………… 3枚
- 三つ葉 ……………………… 3g

1200・1400kcal を選択する場合
140kcal 塩分**1.1**g 糖質**3.8**g

A ┌ しょうゆ ……………… 小さじ½
　├ 梅肉 ………………… 小さじ½
　├ らっきょう(みじん切り)‥ 1個分
　└ 植物油 ……………… 小さじ1
※梅肉は、梅干しから種を除いたもの。

→ ★1200・1400kcalを選択する場合
豚もも肉(赤身・しゃぶしゃぶ用)の使
用量を60gにします。

作り方
豚肉は　鍋に沸かした熱湯に1枚ずつ広げ入れて色
　が変わるまでゆで、冷水にとって、水けをきる。
野菜は　大根、きゅうり、にんじんはせん切りにして水
　に放し、シャキッとさせて、水けをきっておく。三つ
　葉はざく切りにする。
盛りつける　器に青じそを敷いて三つ葉以外の野菜
　をのせ、その上に豚肉をのせて、よくまぜ合わせたA
　を回しかけ、三つ葉を散らす。

豚肉の冷しゃぶサラダ 2

もやしときゅうり、ラディッシュと合わせ、中華ドレッシングで

材料（1人分）
1600・1800kcalを選択する場合

1600・1800kcal を選択する場合
170kcal 塩分**2.0**g 糖質**4.3**g

- ★豚もも薄切り肉(赤身)………… 70g
- もやし ………………… ⅓袋(80g)
- きゅうり ………………… ½本(50g)
- ラディッシュ ………………… 1個

1200・1400kcal を選択する場合
130kcal 塩分**2.0**g 糖質**4.3**g

A ┌ おろししょうが ………… 少々
　├ おろしにんにく ………… 少々
　├ 長ねぎ(みじん切り)‥ 大さじ1
　├ しょうゆ ……………… 小さじ2
　├ スープ ………………… 小さじ1
　├ 酢 ……………………… 小さじ1
　├ ★ごま油 ……………… 小さじ1
　├ 砂糖 …………………… 小さじ⅓
　└ 豆板醤(トウバンジャン) ………………… 少々
※スープは、鶏がらスープの素(顆粒)少々を湯小
　さじ1でといたもの。

→ ★1200・1400kcalを選択する場合
豚もも薄切り肉(赤身)の使用量を
50gに、ごま油を小さじ½にします。

作り方
豚肉は　鍋に沸かした熱湯に1枚ずつ広げ入れて色
　が変わるまでゆで、完全に火が通ったら冷水にとり、
　水けをふく。
野菜は　もやしはひげ根をつみとって鍋に沸かした熱
　湯でさっと強火でゆで、冷水にとってからざるに上
　げて水けをきっておく。きゅうりは長さを半分に切
　ってせん切りにし、ラディッシュも薄切りにしてから
　せん切りにする。
盛りつける　野菜をまぜ合わせて器に敷き、豚肉をの
　せて、まぜ合わせたAをかける。

1600・1800kcalを選択する場合	1200・1400kcalを選択する場合
180kcal 塩分**1.0**g 糖質**2.5**g	**140**kcal 塩分**1.0**g 糖質**2.4**g

材料(1人分)

1600・1800kcalを選択する場合

★豚ももかたまり肉(赤身)	70g
A しょうが(薄切り)	3枚
長ねぎの青い部分	¼本
大根	1cm(30g)
きゅうり	⅓本(30g)
★練り白ごま	小さじ2
酢	小さじ⅓
B しょうゆ	小さじ1
みりん	小さじ½
だし汁	小さじ1

★1200・1400kcalを選択する場合

豚ももかたまり肉(赤身)の使用量を50g
に、練り白ごまを小さじ1½にします。

作り方

1 深めの鍋に豚肉とAを入れ、肉がかぶるくらいの水を注ぎ入れて強火にかける。沸騰したら弱火にしてアクをとり、豚肉に竹串を刺して澄んだ汁が出るまで15分程度ゆでる。

2 1をゆで汁につけたまま冷まし、冷めたらとり出して2〜3mm厚さに切る。

3 Bを小さなボウルに入れてよくまぜ合わせ、ごまだれを作る。

4 大根ときゅうりは、せん切りにして、さっくりと合わせておく。

5 器に4をのせて2を盛り、3をかける。

アドバイス ゆで豚は少量では作りにくいもの。家族の分も含め、300gくらいのかたまり肉で作りたいところです。その場合のゆで時間は30分程度です。ゆでたあとは、ゆで汁につけたまま冷ますのがポイント。こうすると汁に流れ出たうまみが再び肉に戻ってぐっと味がよくなります。

ゆで豚 2

もやしとにんじん、さやいんげんを添え、中華風だれで

材料（1人分）

1600・1800kcalを選択する場合

★豚ももかたまり肉（赤身）‥‥‥‥	70g
にんにく‥‥‥‥‥‥‥‥‥‥‥‥‥‥	少々
A	しょうが（薄切り）‥‥‥‥‥‥	1枚
	にんにく‥‥‥‥‥‥‥‥‥‥‥	1片
	長ねぎの青い部分‥‥‥‥‥‥	¼本
もやし‥‥‥‥‥‥‥‥‥‥‥‥‥‥	30g
にんじん‥‥‥‥‥‥‥‥‥‥	2cm（20g）
さやいんげん‥‥‥‥‥‥‥‥‥‥	3本
B	しょうゆ‥‥‥‥‥‥‥‥‥	小さじ2
	砂糖‥‥‥‥‥‥‥‥‥‥‥	小さじ⅔
	★ごま油‥‥‥‥‥‥‥‥‥‥	小さじ1
練りがらし‥‥‥‥‥‥‥‥‥‥‥	少々

1600・1800kcal
を選択する場合
170kcal
塩分1.9g
糖質4.7g

1200・1400kcal
を選択する場合
130kcal
塩分1.9g
糖質4.7g

➡ ★1200・1400kcalを選択する場合
豚ももかたまり肉（赤身）の使用量を
55gに、ごま油を小さじ½にします。

作り方

豚肉は　肉の表面に、にんにくの切り口をこすりつけて香りをつけ、これを深めの鍋にAとともに入れ、肉がかぶるくらいの水を注ぎ入れて強火にかける。沸騰したら弱火にしてアクをとり、20分程度ゆで、火を止めてそのまま鍋の中に冷めるまでおく。

野菜は　もやしはひげ根をつみとり、にんじんは細切りにし、さやいんげんは筋をとって、それぞれ鍋に沸かした熱湯でしんなりするまで強火でゆでる。さやいんげんは長さを2～3等分に切る。

盛りつける　豚肉を鍋からとり出して薄切りにし、野菜とともに器に盛り合わせ、よくまぜ合わせたBの中華風だれを回しかけて練りがらしを添える。

ゆで豚 3

ブロッコリーだけを添え、さんしょう黒酢だれで

材料（1人分）

1600・1800kcalを選択する場合

★豚ももかたまり肉（赤身）‥‥‥‥	80g
A	ウーロン茶の茶葉‥‥‥	大さじ1
	日本酒‥‥‥‥‥‥‥‥	大さじ1
	塩‥‥‥‥‥‥‥‥‥‥	小さじ⅕
B	しょうゆ‥‥‥‥‥‥	小さじ1
	黒酢‥‥‥‥‥‥‥‥	大さじ1
	粉ざんしょう‥‥‥‥	少々
	ラー油‥‥‥‥‥‥‥	少々
	万能ねぎ（みじん切り）‥	大さじ1
ブロッコリー‥‥‥‥‥‥‥‥‥‥	50g

1600・1800kcal
を選択する場合
160kcal
塩分1.1g
糖質3.0g

1200・1400kcal
を選択する場合
130kcal
塩分1.1g
糖質2.9g

➡ ★1200・1400kcalを選択する場合
豚ももかたまり肉（赤身）の使用量を
60gにします。

作り方

豚肉は　深めの鍋にAとともに入れ、肉がかぶるくらいの水を注ぎ入れて強火にかける。沸騰したら弱火にしてアクをとり、20分程度ゆで、火を止めてそのまま鍋の中に冷めるまでおく。

野菜は　ブロッコリーは小房に切り分け、鍋に沸かした熱湯で強火でゆで、ざるに上げて水けをきっておく。

盛りつける　豚肉を鍋からとり出して3～5mm厚さに切り、ブロッコリーとともに器に盛り合わせ、よくまぜ合わせたBのさんしょう黒酢だれを回しかける。

食物繊維が豊富な根菜がたっぷり

豚肉と根菜の煮物

 主食減量 ↓

	1600・1800kcalを選択する場合	1200・1400kcalを選択する場合
	240kcal 塩分**2.2g** 糖質**18.2g**	**190**kcal 塩分**2.2g** 糖質**14.8g**

作り方

1 干ししいたけはもどし、軸を切り落として斜め半分に切る。絹さやは筋をとり、鍋に沸かした熱湯でさっと強火でゆで、斜め半分に切っておく。

2 れんこんは乱切りにする。

3 ごぼうは皮をこそげて流水で洗い流し、斜め薄切りにして、水に5分間つけてアクを抜く。里いもは5mm厚さに切る。

4 豚肉は一口大に切る。

5 鍋にだし汁と2、3を入れて強火にかける。煮立ったら火を弱め、里いもがやわらかくなったところで、1のしいたけ、4、Aを加えて煮汁がなくなるまで煮る。

6 5を器に盛り、1の絹さやを散らす。

材料(1人分)
1600・1800kcalを選択する場合

┌─ ★豚もも薄切り肉(赤身)‥‥‥‥‥ 80g
│ 干ししいたけ‥‥‥‥‥‥‥‥‥ 1個
│ れんこん‥‥‥‥‥‥‥‥‥‥ 40g
├─ ★ごぼう‥‥‥‥‥‥‥‥ ¼本(40g)
├─ ★里いも‥‥‥‥‥‥‥‥ 1個(60g)
│ 絹さや‥‥‥‥‥‥‥‥‥‥‥ 2枚
│ だし汁‥‥‥‥‥‥‥‥‥‥ 1カップ
│ ┌ しょうゆ‥‥‥‥‥‥‥ 小さじ1
│ │ 日本酒‥‥‥‥‥‥‥‥ 小さじ1
│ A│ 砂糖‥‥‥‥‥‥‥‥‥ 小さじ1
│ │ みりん‥‥‥‥‥‥‥‥ 小さじ1
│ └ 塩‥‥‥‥‥‥‥‥‥ 小さじ⅙
└─▶ ★1200・1400kcalを選択する場合
豚もも薄切り肉(赤身)の使用量を60gに、ごぼうを20gに、里いもを½個(30g)にします。

60

シンプルで飽きのこない鍋物 # 常夜鍋

作り方

1 ほうれんそうは鍋に沸かした熱湯で強火でかためにゆでて水にとり、水けをしぼって長さを3等分に切る。

2 小さなボウルに**B**を合わせてポン酢しょうゆを作り、取り鉢に入れておく。

3 大根おろしに一味とうがらしをまぜ合わせ、もみじおろしを作る。

4 豚肉は長さを半分に切る。

5 土鍋に**A**を入れて煮立て、**4**を1枚ずつ広げ入れて色が変わるまで火を通し、**1**も加えてさっと温める。

6 **2**のポン酢しょうゆに**3**を適量加えたものに、**5**をつけて食べる。

材料(1人分)
1600・1800kcalを選択する場合

★豚ロース薄切り肉………………… 60g
ほうれんそう…………… ⅓束(100g)
A ┌ 水 ………………………… 1カップ
　├ 日本酒………………………… ¼カップ
　└ 塩 ………………………………… 少々
B ┌ 薄口しょうゆ………… 大さじ½
　├ 酢 ……………………………… 大さじ1
　└ ゆずのしぼり汁……… 小さじ1
大根おろし………………………… 大さじ1
一味とうがらし………………………… 少々

★1200・1400kcalを選択する場合
豚ロース薄切り肉の使用量を45gにします。

アドバイス 豚ロース薄切り肉を豚もも薄切り肉(赤身)にかえてもかまいません。その場合の使用量は、1600・1800kcalを選択する人は100g、1200・1400kcalを選択する人は70gになります。

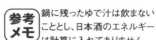 **参考メモ** 鍋に残ったゆで汁は飲まないこととし、日本酒のエネルギーは計算に入れてありません。

1600・1800kcalを選択する場合
190kcal 塩分1.8g 糖質2.1g

1200・1400kcalを選択する場合
150kcal 塩分1.7g 糖質2.1g

鶏肉の照り焼き 1

ほうれんそうとしめじをつけ合わせて、甘辛だれで

<table>
<tr><td>1600・1800kcalを選択する場合
170kcal 塩分1.8g 糖質2.9g</td><td>1200・1400kcalを選択する場合
130kcal 塩分1.7g 糖質2.9g</td></tr>
</table>

材料（1人分）

1600・1800kcalを選択する場合

★鶏もも肉（皮なし）……80g

ほうれんそう……1株（30g）

しめじ……¼パック（25g）

A ┌ しょうゆ……大さじ½
  └ みりん……大さじ½

B ┌ しょうゆ……小さじ⅓
  └ だし汁……小さじ1

植物油…………小さじ1

★1200・1400kcalを選択する場合
鶏もも肉（皮なし）の使用量
を50gにします。

作り方

1 つけ合わせを準備する。ほうれんそうは鍋に沸かした熱湯でしんなりするまで強火でゆでて水にとり、水けをしぼって5cm長さに切る。しめじは根元を切り落として小分けにし、ほうれんそうと同様にゆでて水けをしぼり、ほうれんそうと合わせてBであえる。

2 フライパンに植物油を入れて中火で熱し、鶏肉をかたまりのまま入れて焼く。焼き色がついたら裏返して同様に焼き、両面に焼き色がついたら弱火にしてふたをし、3〜4分蒸し焼きにして、肉の中心まで火を通す。

3 2にAを加え、全体にからめて火を止める。

4 3を食べやすい大きさに切って皿に盛り、1をつけ合わせる。

鶏肉の照り焼き 2

万能ねぎとサニーレタス、にんにくのスライスをはさんで食べる韓国風

やさい追加

1600・1800kcalを選択する場合	1200・1400kcalを選択する場合
180kcal　塩分1.2g　糖質2.6g	**130**kcal　塩分1.1g　糖質2.6g

作り方

鶏肉は　身の厚い部分の中央に、厚みの半分まで包丁を入れる。次に、包丁をねかせて左右ともに外側に向かって切り込みを入れ、身の厚みが均一になるように切り開く（これを観音開きという）。これをバットなどに入れ、よくまぜ合わせた**A**をからめて、そのまま20分ほどおく。

野菜は　万能ねぎは5cm長さに切り、にんにくは薄切りにする。サニーレタスは手で食べやすい大きさにちぎっておく。

焼く　よく熱した焼き網に鶏肉をのせて両面とも焼き色がつくまで焼き、食べやすい大きさに切って皿に盛る。

仕上げ　野菜を添え、レモンは半分に切ってあしらう。鶏肉で野菜をはさみ、レモンをしぼりかけて食べる。

材料（1人分）
1600・1800kcalを選択する場合

- ★鶏もも肉（皮つき）‥‥‥‥‥‥‥ 80g
- 万能ねぎ‥‥‥‥‥‥‥‥‥‥‥‥ 1本
- にんにく ‥‥‥‥‥‥‥‥‥‥‥ ½片
- サニーレタス‥‥‥‥‥‥‥ 1枚(20g)
- レモン（くし形切り）‥‥‥‥‥ 1切れ

A
- しょうゆ‥‥‥‥‥‥‥‥ 小さじ1
- 日本酒‥‥‥‥‥‥‥‥‥ 小さじ1
- 砂糖 ‥‥‥‥‥‥‥‥‥ 小さじ⅓
- おろしにんにく‥‥‥‥ 小さじ⅓
- 粉とうがらし‥‥‥‥‥ 小さじ⅓

★1200・1400kcalを選択する場合
鶏もも肉（皮つき）の使用量を50gにします。

アドバイス　鶏もも肉（皮なし）を使う場合、1600・1800kcalを選択する人は130g、1200・1400kcalを選択する人は80gを使用できます。

梅干しの酸味がさわやかな味わい **さ さ 身 の 梅 し そ 巻 き**

作り方

1 梅干しは種をとり、果肉を包丁の背でこまかくたたいて
ペースト状にしておく。

2 大根はすりおろす。

3 鶏ささ身は切り目を浅く入れて白い筋を包丁でとり除く。
1本の長さを2等分にしてから縦に切り目を入れ、塩とこ
しょうを振る。

4 **3**の切り目に**1**の梅肉をはさみ、それに青じそを1枚ずつ
巻きつけて、小麦粉を薄くまぶしつける。

5 フライパンに植物油を入れて強火で熱し、**4**を巻き終わ
りを下にして入れ、両面に焼き色がつくまで中火で焼く。

6 **5**を器に盛り、水けを軽くしぼった**2**をのせてしょうゆを
かける。

材料（1人分）
1600・1800kcalを選択する場合

┌─★鶏ささ身 ····················· 2本（80g）
│ 梅干し ······················ 約½個（6g）
│ 青じそ ··························· 4枚
│ 大根 ······················· 2.5cm（80g）
│ しょうゆ ······················小さじ⅓
│ 塩、こしょう ·····················各少々
│ 小麦粉 ·······················小さじ⅓
└─★植物油 ·······················小さじ2

 → ★1200・1400kcalを選択する場合
鶏ささ身の使用量を1½本（60g）に、
植物油を大さじ½にします。

ここに 鶏ささ身は、牛や豚のヒレに相当
注目 する部分で、脂肪をほとんど含ま
ないおすすめの部位です。低エ
ネルギーなので、量を多く使えます。

1600・1800kcalを選択する場合
170kcal　塩分1.8g　糖質3.0g

1200・1400kcalを選択する場合
130kcal　塩分1.8g　糖質3.0g

材料の大きさをそろえて短時間で火を通すのがコツ

鶏肉の五目みそ炒め

1600・1800kcalを選択する場合
170kcal　塩分2.1g　糖質7.0g

1200・1400kcalを選択する場合
130kcal　塩分2.0g　糖質7.0g

作り方

1　鶏肉は1cm角に切ってボウルに入れ、**A**をもみ込んで下味をつけておく。

2　たけのこ、にんじん、セロリ、生しいたけは1cm角に切り、さやいんげんは筋をとって1cm幅に切る。にんじんとさやいんげんは鍋に沸かした熱湯で強火でさっとゆでておく。

3　**B**をボウルに入れ、よくまぜ合わせておく。

4　フライパンに植物油を入れて強火で熱し、**1**を炒める。肉の色が変わったらたけのこ、にんじん、さやいんげん、セロリ、しいたけの順に加えて手早く炒め合わせる。

5　**4**に**3**を回し入れて大きくかきまぜ、全体に味をからめて火を止める。

材料（1人分）
1600・1800kcalを選択する場合

★鶏胸肉（皮つき）……………………… 60g
ゆでたけのこ…………………………… 20g
にんじん ………………………… 2cm（20g）
セロリ ……………………………… ¼本（20g）
生しいたけ ……………………………… 1個
さやいんげん …………………………… 2本

A┌ しょうが汁 …………… 小さじ1
　└ 塩 ……………………………… 少々

B┌ 赤みそ ………………… 大さじ½
　│ 日本酒…………………… 小さじ1
　│ しょうゆ ……………… 小さじ⅓
　│ 砂糖 …………………… 小さじ1
　└ だし汁 ………………… 大さじ1

★植物油……………………… 小さじ1

★1200・1400kcalを選択する場合
鶏胸肉（皮つき）の使用量を40gに、植物油を小さじ½にします。

和風ハンバーグ **1**

鶏ひき肉に木綿豆腐、万能ねぎ、青じそを加え、下味をつけて焼く

1600・1800kcalを選択する場合	1200・1400kcalを選択する場合
170kcal 塩分**1.2**g 糖質**3.2**g	**140**kcal 塩分**1.2**g 糖質**2.9**g

材料（1人分）

1600・1800kcalを選択する場合

鶏ひき肉	40g
★木綿豆腐	⅕丁（60g）
万能ねぎ	1本
青じそ	1枚
ほうれんそう	1株（30g）
しょうゆ	小さじ⅓
レモン（くし形切り）	1切れ
A ┌ しょうゆ	小さじ½
│ 日本酒	小さじ1
│ しょうが汁	小さじ½
│ かたくり粉	小さじ1
└ 塩、こしょう	各少々
★植物油	小さじ1

★1200・1400kcalを選択する場合
木綿豆腐の使用量を30gに、
植物油を小さじ½にします。

作り方

1 つけ合わせのほうれんそうは、鍋に沸かした熱湯でしんなりするまで強火でゆでて冷水にとり、水けをしぼってざく切りにし、しょうゆであえておく。

2 木綿豆腐はキッチンペーパーにくるんで耐熱皿にのせ、電子レンジで1分ほど加熱して水分を抜き、冷ます。

3 万能ねぎは小口切りにし、青じそはみじん切りにする。

4 鶏ひき肉をボウルに入れ、**2**と**3**、**A**を加えて、粘りが出るまで手でよく練りまぜ、だ円形にまとめる。

5 フライパンに植物油を入れて熱し、**4**を強火で両面に焼き色がつくまで焼く。さらに、ふたをして弱火で4〜5分蒸し焼きにし、中までよく火を通す。

6 **5**を器に盛り、**1**とレモンをつけ合わせる。

和風ハンバーグ ③

鶏ひき肉に木綿豆腐、万能ねぎ、青じそを加え、あんをかける

材料（1人分）

1600・1800kcalを選択する場合

★鶏ひき肉 ……………………………	40g
★木綿豆腐 ………………………	⅕丁（60g）
万能ねぎ …………………………	1本
青じそ ……………………………	1枚
貝割れ菜 ………………………	⅛パック（10g）
レモン（くし形切り）……………	1切れ

A
日本酒 ……………………	小さじ1
しょうが汁 ………………	小さじ½
かたくり粉 ………………	小さじ1
塩、こしょう ……………	各少々

B
しょうゆ …………………	小さじ1
みりん ……………………	小さじ½
日本酒 ……………………	小さじ½
だし汁 ……………………	大さじ1

C
かたくり粉 ………………	小さじ¼
水 …………………………	小さじ1

★植物油 ………………………	小さじ1

1600・1800kcal を選択する場合
190 kcal
塩分1.3g
糖質5.0g

1200・1400kcal を選択する場合
130 kcal
塩分1.3g
糖質4.7g

★1200・1400kcalを選択する場合
鶏ひき肉の使用量を30gに、木綿豆腐を30gに、植物油を小さじ½にします。

作り方

豆腐は　キッチンペーパーにくるんで耐熱皿にのせ、電子レンジで1分ほど加熱して水分を抜き、冷ます。

野菜は　万能ねぎは小口切りにし、青じそはみじん切りにする。貝割れ菜は根元を切り落とし、長さを半分に切る。

ハンバーグ生地を作る　鶏ひき肉をボウルに入れ、豆腐と万能ねぎ、青じそ、Aを加えて粘りが出るまで手でよく練りまぜ、だ円形にまとめる。

焼く　右ページの作り方5と同様に焼く。

盛りつける　小鍋にBを入れて煮立て、まぜ合わせたCを回し入れてとろみをつけ、火を止める。これを器に盛ったハンバーグにかけ、貝割れ菜とレモンをつけ合わせる。

和風ハンバーグ ②

鶏ひき肉に木綿豆腐、玉ねぎを加え、甘辛だれをからめる

材料（1人分）

1600・1800kcalを選択する場合

★鶏ひき肉 ……………………………	40g
★木綿豆腐 ………………………	⅙丁（50g）
玉ねぎ ……………………………	20g
レタス …………………………	1枚（30g）
ミニトマト ………………………	1個

A
パン粉 ……………………	小さじ2
とき卵 ……………………	⅕個分
塩、こしょう ……………	各少々

B
しょうゆ …………………	小さじ1
みりん ……………………	小さじ1

★植物油 ………………………	小さじ1

1600・1800kcal を選択する場合
200 kcal
塩分1.2g
糖質6.0g

1200・1400kcal を選択する場合
140 kcal
塩分1.2g
糖質5.8g

★1200・1400kcalを選択する場合
鶏ひき肉の使用量を30gに、木綿豆腐を20gに、植物油を小さじ½にします。

作り方

豆腐は　キッチンペーパーにくるんで耐熱皿にのせ、電子レンジで1分ほど加熱して水分を抜き、冷ます。

野菜は　玉ねぎはみじん切りにして耐熱皿にのせ、ラップをかけて電子レンジで30秒加熱し、冷まして水けをしぼる。レタスはせん切りにし、ミニトマトは半分に切る。

ハンバーグ生地を作る　鶏ひき肉をボウルに入れ、豆腐と玉ねぎ、Aも加えて粘りが出るまで手でよく練りまぜ、だ円形にまとめる。

焼く　右ページの作り方5と同様に焼き、まぜ合わせたBを加えて全体にからめ、火を止める。

盛りつける　ハンバーグを器に盛り、レタスとミニトマトをつけ合わせる。

簡単タンドリーチキン

鶏肉をヨーグルトだれにつけ込んで焼く

1600・1800kcalを選択する場合	1200・1400kcalを選択する場合
180kcal 塩分1.0g 糖質10.7g	**130**kcal 塩分1.0g 糖質10.7g

作り方

1　鶏肉は一口大のそぎ切りにする。

2　ボウルにAを合わせてよくまぜ、ここに**1**を入れて20分ほどつけ込む。

3　オクラはヘタを切り落とし、鍋に沸かした熱湯でややしんなりするまで強火でゆで、斜め半分に切る。きゅうりは5～6mm角×5～6cm長さの棒状に切る。

4　オーブンを180度に熱し、**2**をたれをつけたまま10分ほど焼く。

5　**4**を皿に盛り、**3**をつけ合わせ、あればセルフィーユ（ハーブの一種）少々を添える。

アドバイス 1600・1800kcalを選択する人が皮なしの鶏もも肉を使う場合は、80gになります。

材料（1人分）

1600・1800kcalを選択する場合

★鶏もも肉（皮つき）⋯⋯⋯⋯⋯⋯ 60g
オクラ⋯⋯⋯⋯⋯⋯⋯⋯⋯⋯⋯⋯ 2本
きゅうり⋯⋯⋯⋯⋯⋯⋯⋯⋯ 1/3本（30g）

A
┌ プレーンヨーグルト⋯⋯ 大さじ2
│ カレー粉⋯⋯⋯⋯⋯⋯⋯ 小さじ1
│ 玉ねぎのすりおろし⋯⋯ 大さじ1
│ おろしにんにく⋯⋯⋯⋯ 小さじ1/2
│ パプリカ（香辛料）⋯⋯⋯ 小さじ1/3
│ カルダモンパウダー（香辛料）
│ ⋯⋯⋯⋯⋯⋯⋯⋯⋯⋯ 少々
│ はちみつ⋯⋯⋯⋯⋯⋯⋯ 小さじ1
└ 塩、こしょう⋯⋯⋯⋯⋯ 各少々

★1200・1400kcalを選択する場合
鶏もも肉（皮なし）を50g使用します。

下味をつけて油でカラリと揚げる

鶏もも肉のから揚げ

作り方

1　鶏肉は一口大に切ってボウルに入れ、よくまぜ合わせた**A**を手でもみ込んで10分ほどおく。

2　レタスは食べやすい大きさにちぎる。貝割れ菜は根元を切り落とし、長さを3等分くらいに切る。

3　**1**に小麦粉をまんべんなくまぶし、余分な粉は軽くはたき落とす。

4　揚げ油を170度に熱して**3**を入れ、ときどき菜箸で鶏肉を返しながら、こんがりときつね色になるまで揚げる。

5　**4**の油をきって皿に盛り、**2**をつけ合わせてレモンを添える。

材料（1人分）
1600・1800kcalを選択する場合

- ★鶏もも肉（皮なし）……………… 80g
- レタス ……………………… 1枚（30g）
- 貝割れ菜………………………… 適量
- レモン（くし形切り）………… 1切れ

A
- しょうゆ……………… 大さじ½
- 日本酒……………… 大さじ½
- しょうが汁 ……………… 少々
- おろしにんにく…………… 少々

- 小麦粉 ……………………約小さじ2
- 揚げ油……………………………… 適量

★1200・1400kcalを選択する場合
鶏もも肉（皮なし）の使用量を60gにします。

※鶏胸肉のから揚げの作り方は、p.34に掲載しています。

1600・1800kcalを選択する場合	1200・1400kcalを選択する場合
170kcal 塩分1.5g 糖質6.0g	**140**kcal 塩分1.4g 糖質4.8g

とき卵でふんわりととじた **親子煮**

1600・1800kcalを選択する場合
170kcal 塩分**1.7**g 糖質**5.2**g

1200・1400kcalを選択する場合
140kcal 塩分**1.6**g 糖質**5.2**g

作り方

1 玉ねぎは薄切りにする。

2 三つ葉は2～3cm長さに切る。

3 鶏肉は一口大に切る。

4 卵は小さなボウルに入れ、ときほぐしておく。

5 浅い鍋またはフライパンに**A**を入れて強火で煮立て、**1**と**3**を加えて煮る。

6 **5**の肉に火が通ったら、**4**を全体に回し入れて具をとじ、半熟状になったら火を止める。

7 **6**を器に盛り、**2**を散らして刻みのりをのせる。

材料（1人分）
1600・1800kcalを選択する場合

★鶏もも肉（皮なし）・・・・・・・・・・・・・・・ 50g

卵（Mサイズ）・・・・・・・・・・・・・・ 1個（50g）

玉ねぎ・・・・・・・・・・・・・・・・・・・・ ⅙個（30g）

三つ葉・・・・・・・・・・・・・・・・・・・・・・・・・・ 1本

刻みのり・・・・・・・・・・・・・・・・・・・・・・・・・・ 少々

┌ だし汁・・・・・・・・・・・・・・・・・ ½カップ

A │ しょうゆ・・・・・・・・・・・・・・小さじ1½

│ 砂糖・・・・・・・・・・・・・・・・・・・・小さじ½

└ みりん・・・・・・・・・・・・・・・・・・・小さじ½

★1200・1400kcalを選択する場合
鶏もも肉（皮なし）の使用量を30gにします。

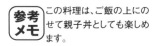

アドバイス 好みで、しめじやえのきだけなどのきのこ類を加えて作ってもよいでしょう。

参考メモ この料理は、ご飯の上にのせて親子丼としても楽しめます。

いり鶏

肉と野菜の相乗効果でうまみがさらに深まる

作り方

1 干ししいたけはもどして４つに切る。にんじん、ごぼう、れんこん、たけのこは大きさをそろえた乱切りにし、ごぼうは水に、れんこんは酢水（分量外）に５分ほどつける。

2 鶏肉は一口大に切る。

3 板こんにゃくは熱湯で１分ほど下ゆでし、手で一口大にちぎる。

4 鍋に植物油を入れて熱し、**1**と**2**、**3**を強火で炒め合わせる。肉の色が変わったらだし汁を加えて３〜４分強火で煮、砂糖を加えて２〜３分、さらにしょうゆとみりんを加えて、やや火を弱めて汁けがなくなるまでいりつけながら煮る。

5 器に**4**を盛り、筋をとってさっとゆでた絹さやをあしらう。

材料（1人分）
1600・1800kcalを選択する場合

- ★鶏もも肉（皮つき）‥‥‥‥‥‥‥ 40g
- 干ししいたけ‥‥‥‥‥‥‥‥‥‥ 1個
- にんじん‥‥‥‥‥‥‥‥‥ 2㎝（20g）
- ごぼう‥‥‥‥‥‥‥‥‥‥ ⅛本（20g）
- れんこん‥‥‥‥‥‥‥‥‥‥‥ 20g
- ゆでたけのこ‥‥‥‥‥‥‥‥‥ 20g
- 絹さや‥‥‥‥‥‥‥‥‥‥‥‥ 3枚
- 板こんにゃく‥‥‥‥‥‥‥‥‥ 30g
- だし汁‥‥‥‥‥‥‥‥‥‥ ½カップ
- 砂糖‥‥‥‥‥‥‥‥‥‥‥ 小さじ½
- しょうゆ‥‥‥‥‥‥‥‥‥ 大さじ½
- みりん‥‥‥‥‥‥‥‥‥‥ 大さじ½
- 植物油‥‥‥‥‥‥‥‥‥‥ 小さじ½

★1200・1400kcalを選択する場合
鶏もも肉（皮なし）を30g使用します。

アドバイス 1600・1800kcalを選択する人が皮なしの鶏もも肉を使う場合は、60gになります。

1600・1800kcalを選択する場合
180kcal　塩分1.5g　糖質9.2g

1200・1400kcalを選択する場合
140kcal　塩分1.5g　糖質9.2g

鶏肉の治部煮

1600・1800kcalを選択する場合	1200・1400kcalを選択する場合
190kcal 塩分1.6g 糖質9.2g	**130**kcal 塩分1.6g 糖質9.2g

作り方

1 にんじんは短冊切りにして鍋に沸かした熱湯でやわらかくなるまで中火でゆで、ほうれんそうもさっと強火でゆでて水にとり、水けをしぼって3㎝長さに切る。しめじも根元を切り落として小分けにし、鍋に沸かした熱湯でさっと強火でゆでておく。

2 鶏肉は一口大のそぎ切りにし、軽くかたくり粉をまぶす。

3 鍋に**A**を入れて強火で煮立て、**2**を入れて煮る。肉に火が通ったら、にんじんとしめじを加えて一煮立ちさせ、火を止める。

4 器に**3**とほうれんそうを盛り合わせる。**3**の煮汁をはって、練りわさびを添える。

アドバイス 1600・1800kcalを選択する人が皮なしの鶏もも肉を使う場合は、100gになります。

材料(1人分)

1600・1800kcalを選択する場合

- ★鶏もも肉(皮つき)‥‥‥‥‥‥‥‥ 60g
- しめじ ‥‥‥‥‥‥‥‥ ¼パック(25g)
- にんじん ‥‥‥‥‥‥‥‥‥ 2㎝(20g)
- ほうれんそう‥‥‥‥‥‥‥ ⅓株(10g)
- かたくり粉‥‥‥‥‥‥‥‥‥‥ 大さじ½
- **A**
  - だし汁‥‥‥‥‥‥‥‥‥‥ ⅓カップ
  - しょうゆ‥‥‥‥‥‥ 小さじ1 ½
  - 日本酒‥‥‥‥‥‥‥‥‥ 小さじ1
  - みりん‥‥‥‥‥‥‥‥‥ 小さじ2
- 練りわさび ‥‥‥‥‥‥‥‥‥‥ 少々

★1200・1400kcalを選択する場合
鶏もも肉(皮なし)を50g使用します。

ご飯にもパンにも合う、和洋兼用のおかず

鶏肉のトマト煮

作り方

1　玉ねぎはくし形に切り、にんじんは乱切りにする。カリフラワーとブロッコリーは小房に切り分ける。

2　鍋に沸かした熱湯で、にんじん、カリフラワーとブロッコリーを強火で1〜2分ゆで、ざるに上げて水けをきっておく。

3　鶏肉は一口大に切る。

4　鍋に植物油を入れて強火で熱し、**3**を炒める。肉の色が変わったら、玉ねぎと**2**のにんじんを加えて全体に油が回るまで炒め合わせる。

5　**4**に**A**を加えて野菜がやわらかくなるまで中火で煮て、にんじん以外の**2**と**B**を加えて一煮する。塩とこしょうで味つけし、火を止める。

材料（1人分）
1600・1800kcalを選択する場合

- ★鶏もも肉（皮つき）………………… 50g
- 玉ねぎ………………… ¼個（45g）
- にんじん ………………… 2㎝（20g）
- カリフラワー…………………… 30g
- ブロッコリー…………………… 20g
- **A** 水 ………………… ⅔カップ
  コンソメスープの素（顆粒）
  ………………… 小さじ⅓
- **B** トマトピューレ……… 大さじ1
  白ワイン…………… 小さじ1
- 塩、こしょう ………………… 各少々
- 植物油………………… 小さじ1

★1200・1400kcalを選択する場合
鶏もも肉（皮なし）を40g使用します。

アドバイス 1600・1800kcalを選択する人が皮なしの鶏もも肉を使う場合は、80gになります。

1600・1800kcalを選択する場合
180kcal 塩分**1.0**g 糖質**7.0**g

1200・1400kcalを選択する場合
130kcal 塩分**1.0**g 糖質**7.0**g

蒸し鶏 **1**

本格的なごまだれをかけて中華料理の定番、棒棒鶏(バンバンジー)に

1600・1800kcalを選択する場合	1200・1400kcalを選択する場合
170kcal 塩分1.5g 糖質4.5g	**130**kcal 塩分1.5g 糖質4.4g

材料（1人分）

1600・1800kcalを選択する場合

★鶏胸肉（皮なし）	80g
トマト	¼個(40g)
きゅうり	⅓本(30g)
サラダ菜	小2枚
日本酒	小さじ1
A ┌ ★練り白ごま	大さじ½
├ みそ	小さじ1
├ 日本酒	小さじ1
├ 砂糖	小さじ½
├ 豆板醤(トウバンジャン)	小さじ⅓
└ 塩	少々

★1200・1400kcalを選択する場合

鶏胸肉（皮なし）の使用量を50gに、練り白ごまを小さじ1にします。

作り方

1 トマトは薄切りに、きゅうりはせん切りにする。

2 鶏肉を耐熱皿にのせ、日本酒を振りかけてラップをかけ、電子レンジで約3分加熱する。冷めたら、薄切りにする。

3 小さなボウルにAを合わせてよくまぜ、ごまだれを作っておく。

4 皿に適当な大きさにちぎったサラダ菜を敷いて1を彩りよく重ね、2をのせ、3をかける。

参考メモ 鶏胸肉は、肉質がやわらかく、味は淡泊な部位です。この料理のように皮をとり除いて使えば、脂肪分の摂取を抑えることができます。

74

蒸し鶏 2

トマトとさやいんげんを組み合わせ、
ごまドレッシングでサラダ風に

材料（1人分）
1600・1800kcalを選択する場合

1600・1800kcalを選択する場合
180kcal
塩分1.6g
糖質2.8g

1200・1400kcalを選択する場合
130kcal
塩分1.5g
糖質2.8g

★鶏もも肉（皮なし）‥‥‥‥‥‥‥‥ 80g
さやいんげん‥‥‥‥‥‥‥‥‥‥‥ 6本
トマト‥‥‥‥‥‥‥‥‥‥ ¼個（40g）
しょうが（薄切り）‥‥‥‥‥‥‥‥‥ 適量
A ┌ 日本酒‥‥‥‥‥‥‥‥‥‥ 小さじ2
　└ 塩‥‥‥‥‥‥‥‥‥‥‥‥‥‥ 少々
B ┌ すり白ごま、しょうゆ、酢
　│ ‥‥‥‥‥‥‥‥‥‥‥‥ 各小さじ1
　└ ★ごま油‥‥‥‥‥‥‥‥‥ 小さじ½

→ ★1200・1400kcalを選択する場合
鶏もも肉（皮なし）の使用量を50gに、
ごま油を小さじ¼にします。

作り方
鶏肉は　**A**を振って手でよくもみ込み、しょうがの切
　り口をこすりつけて香りをつける。
野菜は　さやいんげんは筋をとって鍋に沸かした熱湯
　でしんなりするまで強火でゆで、3～4cm長さに切
　る。トマトは薄い半月切りにする。
蒸す　鶏肉の上にしょうがの薄切りをおいて耐熱性
　の皿にのせ、沸騰させた蒸し器に入れて強火で10
　分ほど蒸す。これを冷まして、食べやすい大きさの
　そぎ切りにする。
盛りつける　皿に野菜を丸く敷いて鶏肉を盛り、よく
　まぜ合わせた**B**をかける。

蒸し鶏 3

香味野菜たっぷりのピリ辛ソースをかけて本格中華の一皿に

材料（1人分）
1600・1800kcalを選択する場合

1600・1800kcalを選択する場合
170kcal
塩分2.1g
糖質5.6g

1200・1400kcalを選択する場合
130kcal
塩分2.1g
糖質5.6g

★鶏胸肉（皮なし）‥‥‥‥‥‥‥‥ 80g
日本酒‥‥‥‥‥‥‥‥‥‥‥‥ 小さじ1
トマト‥‥‥‥‥‥‥‥‥‥ ½個（80g）
きゅうり‥‥‥‥‥‥‥‥‥‥ ⅓本（30g）
A ┌ スープ‥‥‥‥‥‥‥‥‥‥ 小さじ2
　│ しょうゆ‥‥‥‥‥‥‥‥‥ 小さじ2
　│ 酢、砂糖‥‥‥‥‥‥‥‥ 各小さじ½
　│ ★ごま油‥‥‥‥‥‥‥‥‥ 小さじ1
　│ 豆板醤（トウバンジャン）‥‥‥‥‥‥‥‥‥‥‥ 少々
　│ 長ねぎ（みじん切り）‥‥ 小さじ2
　│ しょうが（みじん切り）‥‥ 小さじ1
　└ にんにく（みじん切り）‥‥ 小さじ½

※スープは、鶏がらスープの素（顆粒）少々を湯小
さじ2でといたもの。

→ ★1200・1400kcalを選択する場合
鶏胸肉（皮なし）の使用量を60gに、ご
ま油を小さじ½にします。

作り方
鶏肉は　右ページの作り方2と同様に調理する。
野菜は　トマトは薄い半月切りに、きゅうりは斜め薄
　切りにする。
仕上げる　皿に野菜を彩りよく盛りつけて鶏肉をのせ、よくまぜ合わせた**A**をかける。

蒸し鶏のマリネ 1

鶏もも肉に玉ねぎとにんじんを組み合わせて

1600・1800kcalを選択する場合	1200・1400kcalを選択する場合
170kcal 塩分1.1g 糖質3.1g	**120**kcal 塩分1.1g 糖質3.1g

材料（1人分）

1600・1800kcal を選択する場合

- ★鶏もも肉（皮つき）‥‥‥‥‥‥‥‥ 60g
- 玉ねぎ‥‥‥‥‥‥‥‥‥‥ ⅙個（30g）
- にんじん‥‥‥‥‥‥‥‥‥ 1㎝（10g）
- パセリ（みじん切り）‥‥‥‥‥‥‥ 少々
- レモン（半月切り）‥‥‥‥‥ 2〜3枚
- 日本酒‥‥‥‥‥‥‥‥‥‥‥ 小さじ ½

A
- 酢‥‥‥‥‥‥‥‥‥‥‥ 大さじ ½
- 塩‥‥‥‥‥‥‥‥‥‥‥ 小さじ ⅙
- 植物油‥‥‥‥‥‥‥‥‥ 小さじ 1

→ ★1200・1400kcal を選択する場合
鶏もも肉（皮なし）を60g使用します。

作り方

1 鶏肉は、かたまりのまま耐熱皿にのせて日本酒を振り、ラップをかけて電子レンジで約3分加熱する。火が通ったら電子レンジから取り出し、ラップをはずして冷ましておく。

2 玉ねぎとにんじんはせん切りにする。

3 1の鶏肉が冷めたら、手で細く裂く。

4 ボウルに**A**を入れてよくまぜ、マリネ液を作る。ここに2と3を入れて全体にからめ、しばらくおいて味をなじませる。

5 4の野菜を器に敷き、中央に鶏肉をのせてパセリを振りかけ、レモンを添える。

アドバイス 1600・1800kcalを選択する人が皮なしの鶏もも肉を使う場合は、100gになります。

参考メモ マリネとは、酢や油などをベースにした漬け汁に、肉や魚、野菜などを漬ける料理のこと。好みで、漬け汁には香辛料やハーブなどを加えて風味を高め、材料をやわらかくしたり、くせをやわらげたり、保存性を高めたりします。

蒸し鶏のマリネ2

鶏ささ身に小玉ねぎとカリフラワー、マッシュルームなど野菜をふんだんに組み合わせて

作り方

鶏肉は　切り目を浅く入れて白い筋を包丁でとり除く。これを耐熱皿にのせて白ワインを振りかけ、ラップをかけて電子レンジで6分加熱する。冷めたら、手で大きめに裂く。

野菜は　小玉ねぎは半分に切り、カリフラワーは小房に切り分ける。きゅうりは乱切りにする。生マッシュルームは石づきを切り落として半分に切り、トマトはざく切りにする。

煮る　鍋にAのマリネ液を入れて強火にかけ、煮立ったらトマト以外の野菜を加えて中火で7〜8分煮、火を止める。

漬ける　鍋に鶏肉とトマトを加えてそのまま冷まし、食べる直前までマリネ液に漬けたまま冷蔵庫で冷やす。

材料（1人分）
1600・1800kcalを選択する場合

★鶏ささ身 …………………… 2本(80g)
小玉ねぎ …………………………… 2個
カリフラワー ……………………… 40g
生マッシュルーム ………………… 2個
きゅうり ………………………… ½本(50g)
トマト ……………………………… ¼個(40g)

A
スープ ……………………… ½カップ
レモンのしぼり汁 …… 大さじ1
ローリエ ………………………… ½枚
黒粒こしょう ………………… 5粒
コリアンダー（ドライ）‥小さじ½
塩 ………………………………… 少々
白ワイン ……………………… 大さじ1

※スープは、コンソメスープの素（顆粒）小さじ½を湯½カップでといたもの。

★1200・1400kcalを選択する場合
鶏ささ身の使用量を1½本(60g)にします。

1600・1800kcalを選択する場合	1200・1400kcalを選択する場合
150kcal 塩分1.3g 糖質8.2g	130kcal 塩分1.3g 糖質8.2g

魚のたたき ① あじ

鮮度のよいあじを使い、香味野菜を合わせた「たたき」の定番

やさい追加

1600・1800kcalを選択する場合
160kcal 塩分**1.4**g 糖質**0.8**g

1200・1400kcalを選択する場合
130kcal 塩分**1.3**g 糖質**0.8**g

材料（1人分）

1600・1800kcalを選択する場合

★あじ（三枚おろしにしたもの）‥‥‥130g
みょうが（小口切り）‥‥‥‥‥‥½個分
しょうが（みじん切り）‥‥‥‥小さじ½
青じそ‥‥‥‥‥‥‥‥‥‥‥‥‥‥1枚
花穂じそ‥‥‥‥‥‥‥‥‥‥‥‥‥2本
すだち（半月切り）‥‥‥‥‥‥‥‥1枚
しょうゆ‥‥‥‥‥‥‥‥‥‥‥小さじ1
練りわさび‥‥‥‥‥‥‥‥‥‥‥‥少々

→★1200・1400kcalを選択する場合
あじ（三枚おろしにしたもの）の使用
量を110gにします。

作り方

1 あじは頭のほうから薄皮をむいて、5mm幅の細切りにする。

2 まな板に1とみょうが、しょうがを重ねてのせ、包丁の刃で軽くたたきながら全体をまぜ、あじをあらいみじん切りにする。

3 皿に青じそを敷き、たたいたあじをのせて、すだちと花穂じそを添える。しょうゆと練りわさびは小皿に入れて添える。

ここに注目 あじなどの青背の魚のあぶらには、IPA（イコサペンタエン酸）やDHA（ドコサヘキサエン酸）という不飽和脂肪酸が多く含まれています。特にIPAは、血液をサラサラにして、血液中のコレステロールや中性脂肪を減少させる効果大。このメニューは、これらIPAやDHAがムダなくとれます。

魚のたたき **2** あじ

塩昆布のうまみと塩けを利用した、
あじのたたきのバリエーション

材料（1人分）
1600・1800kcalを選択する場合

★あじ（三枚おろしにしたもの）……130g
青じそ……………………………… 1枚
しょうが（薄切り）………………… 2枚
みょうが…………………………… ½個
すだち（輪切り）…………………… 1枚
塩昆布（細切りにしたもの。市販品）
……………………………………… 6g

┗→ ★1200・1400kcalを選択する場合
あじ（三枚おろしにしたもの）の使用
量を110gにします。

1600・1800kcal を選択する場合
160kcal
塩分1.5g
糖質1.8g

1200・1400kcal を選択する場合
140kcal
塩分1.4g
糖質1.8g

作り方
あじは　右ページの作り方1と同様にする。
香味野菜は　青じそとしょうが、みょうがはせん切り
　にする。
塩昆布は　ざるに入れ、水で表面の塩分をさっと洗い
　落とし、キッチンペーパーで水けをふく。
盛りつける　ボウルにあじと香味野菜を入れ、塩昆布
　を加えてさっくりと合わせる。これを器に盛り、すだ
　ちを添える。

魚のたたき **3** かつお

にんにくとしょうが、万能ねぎを散らし、
ポン酢しょうゆで味わう

材料（1人分）
1600・1800kcalを選択する場合

★かつおのたたき（市販品）……… 120g
万能ねぎ（小口切り）………… 1本分
にんにく（みじん切り）…… 小さじ1
しょうが（みじん切り）…… 小さじ1
大根………………………………… 30g
青じそ……………………………… 2枚
A┏ しょうゆ …………… 小さじ1
　┗ すだちのしぼり汁 …… 小さじ1

┗→ ★1200・1400kcalを選択する場合
かつおのたたき（市販品）の使用量を
90gにします。

1600・1800kcal を選択する場合
150kcal
塩分1.0g
糖質1.6g

1200・1400kcal を選択する場合
120kcal
塩分1.0g
糖質1.5g

作り方
かつおは　さく状のものは1cm厚さに切る。
大根は　せん切りにする。
盛りつける　器に大根を盛り、青じそを敷いてかつお
　を盛り、その上に万能ねぎとにんにく、しょうがを散
　らす。Aを合わせてポン酢しょうゆを作り、かつおの
　上から回しかける。

参考メモ　かつおの旬は、初がつおと呼ばれる春から初
夏と、もどりがつおと呼ばれる秋口とがあり、
季節によって含まれる脂肪分の量が変化し
ます。エネルギーも、同じ100gあたり初がつおが
108kcalなのに対し、もどりがつおは150kcalあります。
このレシピでは初がつおを使っています。

作り方

　刺し身にしてあるものを買った場合は、重量をはかって指定の量にし、つけ合わせとともに器に盛り合わせ、練りわさびとしょうゆを添える。

　まぐろやたい、ひらめなどをさくで買った場合は、分量を平づくり（約1cm厚さに引き切りしたもの）にする。いかは皮をむき、分量を長さ4〜5cm、幅5〜8mmくらいの細切りにする。

つけ合わせは

赤文字の材料はせん切り、青文字の材料は薄切りにし、ほかの材料は食べやすい大きさに切って生のまま添える。なお、好みで、青じそや紅たで、防風、黄菊、花穂じそなどを各少々添える。

1600・1800kcalを選択する場合 約**180**kcal　塩分約1.5g　糖質約0.8g	やさい追加
1200・1400kcalを選択する場合 約**120**kcal　塩分約1.5g　糖質約0.8g	

材料（1人分）
1600・1800kcalを選択する場合

■魚介
この中から好みの魚介を3種類選びます。1種類あたり約60kcal分の分量です。

あじ……………………………50g（4〜5切れ）
かつお（もどりがつお）……40g（2〜3切れ）
たい……………………………40g（4〜5切れ）
はまち…………………………25g（1〜2切れ）
まぐろ（赤身）………………50g（3〜4切れ）
まぐろ（中トロ）……………30g（2〜3切れ）
まぐろ（大トロ）……………15g（1〜2切れ）
すずき…………………………50g（4〜5切れ）
ひらめ…………………………60g（8〜9切れ）
いか…………………………………………80g
たこ（ゆで）…………………60g（7〜8枚）
甘えび（無頭・尾つき）………80g（11尾）
赤貝………………………………………80g（4個）
ほたて貝柱…………………70g（3〜4個）

1200・1400kcalを選択する場合
刺し身は好みの魚介を2種類選びます。

■つけ合わせ
下から1〜2種類を選び、適量使います。

玉ねぎ　にんじん　長ねぎ
わかめ　とさかのり　トマト
貝割れ菜　大根　セロリ
ラディッシュ　きゅうり　レタス

■調味料類
調味にはこれを使います。

しょうゆ………大さじ½
練りわさび…………少々
※おろししょうが、おろしにんにくなどを使ってもかまいません。

1

盛り合わせ

市販の刺し身を、好みで3種類選ぶ

※写真は、まぐろ（中トロ）、たい、甘えびの組み合わせです。

刺し身 **3** たい

野菜もいっしょにたっぷりとれる「サラダ」スタイル

材料（1人分）

1600・1800kcalを選択する場合

★たい（刺し身用のさく）…………	70g
大根………………………………	30g
きゅうり………………………	¼本(25g)
長ねぎ………………………	⅓本(20g)
ラディッシュ…………………	1個
トマト………………………	小½個(60g)
サニーレタス………………	1枚(20g)
カットわかめ（乾燥）…ひとつまみ(1g)

A
酢、しょうゆ………	各小さじ1
砂糖……………………	小さじ⅓
塩、こしょう…………	各少々
おろししょうが………	小さじ½
★ごま油………………	小さじ½
いり白ごま…………………	少々

1600・1800kcal を選択する場合
180 kcal
塩分1.4g
糖質5.8g

1200・1400kcal を選択する場合
140 kcal
塩分1.4g
糖質5.8g

★1200・1400kcalを選択する場合
たい（刺し身用のさく）の使用量を
50gに、ごま油を小さじ¼にします。

作り方

たいは　3mm厚さのそぎ切りにする。

野菜類は　大根ときゅうり、ラディッシュはせん切りにする。長ねぎは3cm長さに切り、白い部分だけをせん切りにする。トマトは1cm角に切り、カットわかめは水につけてもどす。

盛りつける　皿に、手でちぎったサニーレタスを敷き、大根ときゅうり、ラディッシュ、長ねぎをまぜてこんもりと盛って、わかめをあしらう。この野菜の上にたいを並べてトマトを散らし、よくまぜ合わせたAのドレッシングを回しかけて、いりごまを振る。

刺し身 **2** まぐろ

赤身を、わさびじょうゆに漬けて味をしみ込ませた「づけ」

材料（1人分）

1600・1800kcalを選択する場合

★まぐろの赤身（刺し身用のさく）‥	100g
貝割れ菜…………………	¼パック(20g)
青じそ………………………………	1枚
あさつき…………………………	3本

A
しょうゆ……………	大さじ½
ごま油……………	小さじ½
練りわさび………………	少々

1600・1800kcal を選択する場合
150 kcal
塩分1.5g
糖質1.0g

1200・1400kcal を選択する場合
130 kcal
塩分1.5g
糖質1.0g

★1200・1400kcalを選択する場合
まぐろの赤身（刺し身用のさく）の使用量を80gにします。

作り方

まぐろは　5mm厚さのそぎ切りにし、Aをよくまぜ合わせた中に20分ほど漬け込む。

野菜は　貝割れ菜は根元を切り落とし、長さを半分に切る。青じそはせん切りに、あさつきは小口切りにする。

盛りつける　皿にまぐろを盛って周囲にあさつきをのせ、青じそと貝割れ菜を合わせたものを中心部にのせる。

アドバイス まぐろの赤身をまぐろの中トロにかえてもかまいません。その場合の使用量は、1600・1800kcalを選択する人は60g、1200・1400kcalを選択する人は40gになります。

参考メモ「づけ」とは、しょうゆ漬けにしたまぐろのこと。しょうゆに漬け込む時間が長くなると塩分量がふえるので注意しましょう。

新鮮な魚に塩を振って焼き、魚のうまみをシンプルに味わう

材料（1人分）

この中から好みの魚を1種類選びます。1600・1800kcalを選択する場合で約170kcal、1200・1400kcalを選択する場合で約120kcalの分量です。

	1600・1800kcalを選択する場合		1200・1400kcalを選択する場合	
	目安量	使用量	目安量	使用量
あじ	2尾	320g（正味145g）	1.5尾	240g（正味110g）
あゆ	1.5尾	250g（正味125g）	1尾	170g（正味85g）
いさき	1尾	250g（正味140g）	⅔尾	170g（正味95g）
かます	1尾	200g（正味120g）	⅔尾	130g（正味80g）
生鮭	大1切れ	130g	1切れ	100g
さば（輸入もの）	½切れ	60g	約⅓切れ	40g
さんま	½尾	90g（正味60g）	⅓尾	60g（正味40g）
たい	1切れ	100g	⅔切れ	70g
たちうお	小1切れ	70g（正味67g）	小⅔切れ	50g（正味48g）
ぶり	小1切れ	80g	小⅔切れ	50g

■つけ合わせ
下から1～2種類を選び、適量使います。
オクラ　長ねぎ　ほうれんそう
グリーンアスパラガス
ししとうがらし　ピーマン
ミニトマト　貝割れ菜　生しいたけ
大根　きゅうり　すだち

■塩かげん
塩の使用量は魚の使用量（重量）の1％が目安です。
例：正味100gの魚の場合、塩は1g（小さじ⅙）になります。

1600・1800kcalを選択する場合	
約170kcal	塩分0.8～2.0g 糖質0.2～2.0g

1200・1400kcalを選択する場合	
約120kcal	塩分0.5～1.4g 糖質0.2～1.8g

やさい追加

生鮭の塩焼き

あじの塩焼き

さばの塩焼き

参考メモ 魚を焼く前に塩を振ると余分な水分とともに生ぐさみがとれ、身が締まります。

作り方

1 魚の1尾ものは、えらや内臓(あじの場合はぜいごも)を除いてから、切り身の場合はそのまま、両面に塩を振って5分おく。

2 焼き網をよく熱して魚を盛りつけたときに表になる側から中火で焼く。

3 ほどよく焼き色がついたら裏返し、同様に焼く。

4 皿に盛って、好みの野菜を2種類つけ合わせる。

つけ合わせは

野菜は食べやすい大きさや形に切り、赤文字の材料はゆで、緑文字の材料は焼いて、ほかは生のまま添える。大根はすりおろしてつけ合わせる。味つけにはしょうゆ少々を使う。

アドバイス 魚には塩を振って焼くので、塩分のとりすぎを防ぐうえでもしょうゆはかけません。もの足りなさを感じるときは、すだちやかぼす、ゆず、レモンなどの果汁をしぼりかけて、柑橘類の風味と酸味を利用するとよいでしょう。

さんまの塩焼き

魚のハーブ焼き ① すずき

タイムとローズマリーをまぶし、にんにく風味で

やさい追加	1600・1800kcalを選択する場合	1200・1400kcalを選択する場合
	180kcal 塩分**1.7**g 糖質**1.2**g	**130**kcal 塩分**1.6**g 糖質**1.2**g

材料（1人分）

1600・1800kcalを選択する場合

★すずき（切り身）……………………	100g
タイムの生葉………………………	少々
ローズマリーの生葉………	1本と少々
にんにく（薄切り）……………………	少々
赤ピーマン……………………	20g
クレソン…………………………	1本
塩………………………………小さじ¼
こしょう……………………………	少々
★オリーブ油………………	大さじ½

★1200・1400kcalを選択する場合
すずき（切り身）の使用量を70g、オリーブ油を小さじ1にします。

作り方

1 すずきの両面に塩とこしょうを振り、タイムとローズマリーの葉各少々をちぎってまぶしておく。

2 赤ピーマンは細切りにする。

3 フライパンにオリーブ油とにんにくを入れて弱火にかけ、香りが出てきたら2を強火でさっと炒めてとり出す。

4 3のフライパンに1を入れ、中火で両面ともカリッと香ばしく焼く。

5 4を皿に盛ってつけ合わせ用のタイム少々とローズマリー1本をのせ、炒めた赤ピーマンとクレソンをつけ合わせる。

魚のハーブ焼き ③ めかじき

3種類のハーブをまぶした香り豊かな一品

材料（1人分）

1600・1800kcalを選択する場合

		1600・1800kcalを選択する場合
★めかじき（切り身）・・・・・・・・・・・・・・	80g	**180**kcal 塩分**1.0**g 糖質**1.5**g
ローズマリーの生葉・・・・・・・・・・・・	1枝	
バジルの生葉（みじん切り）・・・・	1枚分	
パセリ（みじん切り）・・・・・・・・・	小さじ1	
レモン（輪切り）・・・・・・・・・・・・・・	1枚	1200・1400kcal を選択する場合
ミニトマト・・・・・・・・・・・・・・・・・・・・	2個	**130**kcal
パセリの葉・・・・・・・・・・・・・・・・・・	少々	塩分**0.7**g
塩、こしょう・・・・・・・・・・・・・・・・	各少々	糖質**1.5**g
★オリーブ油・・・・・・・・・・・・・・・	大さじ½	

➡ ★1200・1400kcalを選択する場合
めかじき（切り身）の使用量を60gに、
オリーブ油を小さじ1にします。

作り方

めかじきは　切り身の両面に軽く塩とこしょうを振る。

ハーブは　ローズマリーの生葉は葉をこまかく手でちぎる。

漬ける　ボウルにオリーブ油とローズマリー、みじん切りにしたバジルとパセリを入れてまぜ、ここにめかじきを入れて全体にハーブをまぶし、そのまま15分ほどおく。

焼く　グリルパンまたはフッ素樹脂加工のフライパンを熱し、めかじきを入れて、油を使わずに両面とも中火でこんがりと焼く。

盛りつける　めかじきを皿に盛り、レモンとミニトマト、パセリの葉を添える。

魚のハーブ焼き ② ぶり

2種類のハーブを散らし、バルサミコ酢と
オリーブ油でおいしさをアップ

材料（1人分）

1600・1800kcalを選択する場合

		1600・1800kcal を選択する場合
★ぶり（切り身）・・・・・・・・・・・・・・	70g	**180**kcal 塩分**0.8**g 糖質**1.1**g
タイムの生葉・・・・・・・・・・・・・・	1本	
ローズマリーの生葉・・・・・・・・・・	1本	
レモン（くし形切り）・・・・・・・・・	1切れ	1200・1400kcal を選択する場合
塩、こしょう・・・・・・・・・・・・・・・	各少々	**140**kcal
バルサミコ酢・・・・・・・・・・・・	小さじ1	塩分**0.6**g
オリーブ油・・・・・・・・・・・・・	小さじ½	糖質**1.1**g

➡ ★1200・1400kcalを選択する場合
ぶり（切り身）の使用量を50gにします。

作り方

ぶりは　切り身の両面に軽く塩とこしょうを振る。

ハーブは　タイムとローズマリーは手でこまかくちぎる。

焼く　ぶりの上にハーブ類を散らし、魚焼きグリルで両面をこんがりと焼く。

盛りつける　ぶりを皿に盛り、バルサミコ酢とオリーブ油をぶりのまわりにかけ、レモンを添える。

魚のホイル焼き 1 鮭

玉ねぎ、にんじん、きのこを組み合わせ、塩とこしょうであっさりと

1600・1800kcalを選択する場合	1200・1400kcalを選択する場合
160kcal 塩分1.2g 糖質3.0g	**140**kcal 塩分1.0g 糖質3.0g

材料（1人分）

1600・1800kcalを選択する場合

★生鮭（切り身）	100g
玉ねぎ	20g
にんじん	1cm(10g)
生しいたけ	1個
しめじ	¼パック(25g)
えのきだけ	¼袋(25g)
塩	小さじ⅙
こしょう	少々
日本酒	小さじ2

★1200・1400kcalを選択する場合
生鮭（切り身）の使用量を80gにします。

作り方

1 生しいたけは石づきを切り落とし、玉ねぎとともに薄切りにする。にんじんはせん切りにする。しめじは根元を切り落とし、小分けにする。えのきだけは根元を切り落として、3cm長さに切る。

2 材料をすべて包めるくらいの大きさのアルミホイルを用意して広げ、生鮭をのせて塩とこしょうを振る。1の野菜ものせて、日本酒をかけ、アルミホイルの端をつまんで空気がもれないようにしっかり閉じる。

3 2を200度のオーブンで5～6分、またはオーブントースターで7～8分、鮭に火が通るまで焼く。

参考メモ アルミホイルで包むときは、手前と向こう側を持って上で重ね、二重に折り込みます。次に横を片方ずつクルクルと巻いて、空気がもれないようにきっちりととめます。

魚のホイル焼き ③ 鮭

玉ねぎ、トマト、ズッキーニを組み合わせ、
白ワインを振りかけたイタリア風

材料（1人分）
1600・1800kcalを選択する場合

			1600・1800kcalを選択する場合
★生鮭（切り身）	……………………	80g	**180**kcal 塩分1.7g 糖質4.6g
玉ねぎ	…………………	⅙個（30g）	
トマト	…………………	¼個（40g）	
ズッキーニ	………………	¼本（40g）	1200・1400kcalを選択する場合
バジルの生葉	……………………	1枚	**130**kcal 塩分1.6g 糖質4.6g
にんにく	…………………	½片	
レモン（輪切り）	……………	1枚	
塩	…………………	小さじ¼	
こしょう	…………………	少々	
白ワイン	…………………	大さじ1	
★オリーブ油	…………………	小さじ1	

▶ ★1200・1400kcalを選択する場合
生鮭（切り身）の使用量を60gに、オリーブ油を小さじ½にします。

作り方
生鮭は　切り身の両面に軽く塩とこしょうを振っておく。

野菜は　玉ねぎとにんにくは薄切りにする。トマトは3mm幅の薄切りに、ズッキーニは3mm幅の輪切りにする。

アルミホイルで包む　材料をすべて包めるくらいの大きさのアルミホイルを用意して広げ、玉ねぎを敷いて生鮭をのせ、残りの野菜を重ね、手でちぎったバジルを散らす。上から白ワインとオリーブ油を回しかけ、アルミホイルの端をつまんでしっかり閉じる。

焼く　アルミホイルで包んだ生鮭と野菜をオーブントースターで15分焼く。アルミホイルごと器に盛り、レモンを添える。

魚のホイル焼き ② たら

玉ねぎ、にんじん、さやいんげんを組み合わせ、
バターのコクと風味をプラス

材料（1人分）
1600・1800kcalを選択する場合

			1600・1800kcalを選択する場合
★生だら（切り身）	…………………	130g	**140**kcal 塩分1.7g 糖質3.5g
玉ねぎ	…………………	⅙個（30g）	
にんじん	………………	2cm（20g）	
さやいんげん	…………………	1本	1200・1400kcalを選択する場合
★塩	…………………	小さじ⅕	**130**kcal 塩分1.4g 糖質3.5g
こしょう	…………………	少々	
バター	…………………	小さじ1	

▶ ★1200・1400kcalを選択する場合
生だら（切り身）の使用量を110gに、塩を小さじ⅙にします。

作り方
生だらは　切り身の両面に塩とこしょうを振り、10分ほどおく。

野菜は　玉ねぎは薄切り、にんじんはせん切り、さやいんげんは斜め薄切りにする。

アルミホイルで包む　材料をすべて包めるくらいの大きさのアルミホイルを用意して広げ、表面にバターの一部を薄く塗る。この上に、キッチンペーパーで水けをふいた生だらをのせ、野菜類ものせて、残りのバターを小さくちぎってのせ、右ページと同様にアルミホイルで包む。

焼く　アルミホイルで包んだ生だらと野菜をオーブントースターに入れ、6〜7分焼く。

魚の照り焼き ① ぶり

ソテーして仕上げにたれをからめる照り焼き魚の代表格

1600・1800kcalを選択する場合	1200・1400kcalを選択する場合
180kcal 塩分1.4g 糖質2.9g	**130**kcal 塩分1.3g 糖質2.8g

材料（1人分）

1600・1800kcalを選択する場合

- ★ぶり（切り身）…… 60g（2切れ）
- 大根 ………………………… 30g
- きゅうり …………… 1/10本（10g）
- 塩 …………………………… 少々

A
- しょうゆ……… 小さじ1
- みりん……… 小さじ1
- しょうが汁 ……… 少々
- 植物油 ………………… 小さじ1/2

★1200・1400kcalを選択する場合
ぶり（切り身）の使用量を40gにします。

作り方

1　大根はいちょう切りにする。きゅうりは小口切りにして大根と合わせ、塩を振ってもみ、汁けをしぼる。

2　フライパンに植物油を入れて弱めの中火で熱し、ぶりを並べ入れて焼く。両面に焼き色がついたら、よくまぜ合わせたAを加える。中火にかけ、フライパンを揺すりながら汁をぶり全体にからめて火を止める。皿に盛り、1をつけ合わせる。

魚の照り焼き ③ さわら

淡泊でクセのないさわらを、
ごまを加えたたれにつけて焼き上げる

材料(1人分)
1600・1800kcalを選択する場合

★さわら(切り身) …………………… 70g	
ししとうがらし …………………… 1本	
しょうがの甘酢漬け …………… 10g	

A	しょうゆ …………………… 小さじ1
	みりん …………………… 小さじ1
	日本酒 …………………… 小さじ1
	いり白ごま ………………… 小さじ½
植物油…………………………… 小さじ½	

★1200・1400kcalを選択する場合
さわら(切り身)の使用量を50gにします。

1600・1800kcal を選択する場合
170kcal
塩分1.2g
糖質2.8g

1200・1400kcal を選択する場合
140kcal
塩分1.2g
糖質2.8g

やさい追加

作り方
さわらは　ボウルにAを入れてよくまぜ合わせ、漬けだれを作る。ここにさわらを入れ、10分ほどおいて下味をつける。
ししとうがらしは　破裂しないように竹串などで数カ所に穴をあけておく。
焼く　フライパンに植物油を入れて熱し、さわらを身のほうを下にして入れ、中火で焼く。焼き色がついたら裏返して同様に焼き、皿に盛る。このあと、同じフライパンでししとうをややしんなりするまで中火で焼き、1本を縦半分に切る。
盛りつける　さわらを盛った皿にししとうとしょうがの甘酢漬けをつけ合わせ、さわらの上にフライパンに残ったたれといりごまをかける。

魚の照り焼き ② めかじき

たれで下味をつけてからフライパンでこんがりと焼く

材料(1人分)
1600・1800kcalを選択する場合

★めかじき(切り身) …………… 80g	
小松菜 …………………… 1株(30g)	
長ねぎ…………………… ¼本(15g)	
いり白ごま …………………… 少々	

A	★しょうゆ …………………… 小さじ2
	日本酒 …………………… 小さじ1
	みりん …………………… 小さじ1
	砂糖…………………… 小さじ½
植物油 …………………… 小さじ½	

★1200・1400kcalを選択する場合
めかじき(切り身)の使用量を50gに、
しょうゆを大さじ½にします。

1600・1800kcal を選択する場合
180kcal
塩分1.9g
糖質4.1g

1200・1400kcal を選択する場合
130kcal
塩分1.4g
糖質4.0g

作り方
めかじきは　ポリ袋にAを入れてまぜ、袋の外側から手でもんで砂糖をとかす。これにめかじきを入れて袋の空気を抜き、口をしぼって閉じ、30分ほど漬けておく。
野菜は　小松菜を鍋に沸かした熱湯でしんなりするまで強火でゆで、水にとって水けをきり、3cm長さに切る。長ねぎも3cm長さに切っておく。
焼く　フライパンに植物油を入れて熱し、めかじきを盛りつけるときに表になるほうを下にして入れ、中火で焼く。焼き色がついたら裏返して同様に焼き、皿に盛る。このあと、同じフライパンで長ねぎを中火でこんがりと焼く。
盛りつける　めかじきを盛った皿に小松菜をのせていりごまを振りかけ、長ねぎも添える。

魚の野菜あんかけ 1

めかじき

ソテーに、野菜あんをたっぷりかけて

1600・1800kcalを選択する場合	1200・1400kcalを選択する場合
170kcal 塩分2.0g 糖質5.3g	**130**kcal 塩分1.9g 糖質5.3g

材料（1人分）
1600・1800kcalを選択する場合

- ★めかじき（切り身） ……………… 80g
- にんじん ………………………… 1cm（10g）
- もやし ……………………………… 20g
- しめじ …………………… ⅕パック（20g）
- さやいんげん ……………………… 1本
- A
  - だし汁 ……………………… ¼カップ
  - しょうゆ ………………… 小さじ1½
  - 砂糖 ………………………… 小さじ½
  - みりん ……………………… 小さじ½
- B
  - かたくり粉 ………………… 小さじ½
  - 水 …………………………… 大さじ1
- 塩、こしょう ………………………… 各少々
- 植物油 ……………………………… 小さじ½

★1200・1400kcalを選択する場合
めかじき（切り身）の使用量を50gにします。

作り方

1 にんじんはせん切りにし、もやしはひげ根をつみとる。しめじは根元を切り落として小分けにし、さやいんげんは筋をとって斜め切りにする。

2 鍋にAを入れて強火で煮立て、1を加えて中火で煮る。野菜に火が通ったら、まぜ合わせたBを回し入れてとろみをつけ、火を止める。

3 フライパンに植物油を入れて熱し、軽く塩とこしょうを振っためかじきを入れ、焼き色がつくまで中火で両面を焼く。

4 3を皿に盛り、2の野菜あんをかける。

魚の野菜あんかけ **3** きんめだい

日本酒を振って蒸し、熱々の野菜五目あんをかける

材料（1人分）
1600・1800kcalを選択する場合

1600・1800kcalを選択する場合	
180kcal	
塩分1.9g	
糖質8.5g	

★きんめだい（切り身）…………… 60g
ゆでたけのこ …………………… 20g
にんじん …………………… 2㎝（20g）
生しいたけ …………………… ½個
しめじ …………………… ⅓パック（30g）
長ねぎ …………………… ⅓本（20g）
日本酒…………………… 大さじ1
だし汁 …………………… ⅔カップ

1200・1400kcalを選択する場合	
150kcal	
塩分1.8g	
糖質8.4g	

A
　しょうゆ …………………… 小さじ2
　日本酒 …………………… 小さじ1
　みりん …………………… 小さじ1
　砂糖…………………… 小さじ½

B
　かたくり粉 …………………… 小さじ⅔
　水 …………………… 大さじ1

★1200・1400kcalを選択する場合
きんめだい（切り身）の使用量を40g
にします。

作り方
野菜類は　たけのことにんじんはせん切りにし、生し
　いたけは軸を切り落として薄切りにする。しめじは
　根元を切り落とし、1本ずつにほぐしておく。長ねぎ
　は斜め薄切りにする。
野菜あんを作る　きんめだいの蒸し上がりに合わせ
　て、右段の「魚の野菜あんかけ②」と同様にして作る。
きんめだいは　皿にのせて日本酒を振りかけ、蒸気の
　上がった蒸し器に入れて4〜5分強火で蒸す。皿
　の上の蒸し汁は捨てる。
仕上げる　きんめだいの上から野菜あんをかける。

魚の野菜あんかけ **2** かれい

油で揚げて、彩りのきれいな野菜あんをかける

材料（1人分）
1600・1800kcalを選択する場合

1600・1800kcalを選択する場合	
200kcal	
塩分1.5g	
糖質9.9g	

★かれい（中骨つき）…………… 90g
玉ねぎ…………………… ⅙個（30g）
にんじん …………………… 1㎝（10g）
ゆでたけのこ …………………… 10g
干ししいたけ …………………… 1個
絹さや…………………… 2枚
こしょう、かたくり粉………… 各少々
だし汁…………………… ½カップ

1200・1400kcalを選択する場合	
150kcal	
塩分1.5g	
糖質9.0g	

A
　しょうゆ …………………… 小さじ1
　塩 …………………… 少々
　日本酒 …………………… 小さじ1
　みりん …………………… 小さじ1

B
　かたくり粉 …………………… 小さじ½
　水 …………………… 大さじ1

揚げ油…………………… 適量

★1200・1400kcalを選択する場合
かれい（中骨つき）の使用量を60gにします。

作り方
野菜類は　干ししいたけはもどして軸を切り落とし、せん
　切りにする。玉ねぎ、にんじん、たけのこ、絹さやもせん
　切りにする。
野菜あんを作る　鍋にだし汁を入れて強火で煮立て、野菜
　類を入れて中火で煮る。野菜がしんなりしたらAを加え
　て味つけし、まぜ合わせたBを回し入れてとろみをつけ、
　火を止める。
かれいは　キッチンペーパーなどでよく水けをふき、こし
　ょうとかたくり粉をまぶす。
揚げる　揚げ油を180度に熱してかれいを入れ、こんがり
　とほどよい揚げ色がつくまで揚げ、油をきっておく。
盛りつける　かれいを皿に盛り、上から野菜あんをかける。

魚の煮つけ ① かれい

しょうがを加えた煮汁で甘辛く煮つける

1600・1800kcalを選択する場合	1200・1400kcalを選択する場合
170kcal 塩分2.3g 糖質6.0g	130kcal 塩分2.2g 糖質6.0g

材料（1人分）

1600・1800kcalを選択する場合

★かれい（中骨つき）‥ 150g（正味130g）
小松菜 ‥‥‥‥‥‥‥‥‥‥‥ 1株（30g）
しょうが（せん切り）‥‥‥‥‥‥‥ 少々

A
だし汁‥‥‥‥‥‥‥‥‥‥‥ ¾カップ
日本酒‥‥‥‥‥‥‥‥‥‥‥ 小さじ1½
しょうゆ‥‥‥‥‥‥‥‥‥‥ 小さじ2
みりん‥‥‥‥‥‥‥‥‥‥‥ 小さじ1
砂糖‥‥‥‥‥‥‥‥‥‥‥‥ 小さじ1
しょうが（薄切り）‥‥‥‥‥ 2〜3枚

★**1200・1400kcalを選択する場合**
かれい（中骨つき）の使用量を100g
（正味85g）にします。

作り方

1 かれいは盛りつけたときに上になる面（黒い皮のほう）に、斜め十字に浅く切り目を入れる。

2 平鍋にAAを入れて強火にかけ、煮立ってきたら、1のかれいを黒い皮のほうを上にして入れる。煮汁が再び煮立ったら落としぶたをして、中火で8〜10分煮る。

3 つけ合わせの小松菜は鍋に沸かした熱湯でしんなりするまで強火でゆでて水にとり、水けをしぼって3㎝長さに切る。

4 2を皿に盛ってしょうがをのせ、煮汁をかけて、小松菜を右手前に添える。

参考メモ 魚を煮るときは、煮汁を煮立てた中へ魚を入れるのが原則です。これは、熱によって魚の表面をすばやく凝固させ煮くずれしにくくするためと、うまみ成分を封じ込めるためです。ただし、1切れだけを煮る場合は、煮汁の材料と魚を同時に入れて煮始めてもかまいません。煮汁も魚の量も少ないので、すぐに煮立ち、魚の表面もすぐ固まります。
また、魚を煮るときに落としぶたをするのは、煮汁をむらなくゆきわたらせると同時に、煮くずれを防ぐためです。使用するときは、ふた全体を水でぬらしてからかぶせます。落としぶたのかわりに、アルミホイルを使ってもかまいません。鍋の内径に合わせた大きさにアルミホイルを切って、形を丸くととのえてかぶせます。

魚の煮つけ **2** きんめだい

煮汁を回しかけながらつやよく煮上げる

材料（1人分）

1600・1800kcalを選択する場合

- ★ きんめだい（切り身）‥‥‥‥‥ 80g
  しめじ ‥‥‥‥‥‥‥‥ ¼パック（25g）
  - A
    - だし汁 ‥‥‥‥‥‥‥ ½カップ
    - しょうゆ ‥‥‥‥‥‥ 大さじ½
    - みりん ‥‥‥‥‥‥‥ 大さじ½
    - しょうが（薄切り）‥‥‥‥‥ 3枚

- ★ 1200・1400kcalを選択する場合
  きんめだい（切り身）の使用量を60g
  にします。

1600・1800kcal を選択する場合
160kcal
塩分1.5g
糖質3.5g

1200・1400kcal を選択する場合
130kcal
塩分1.5g
糖質3.5g

作り方

しめじは　根元を切り落として小分けにする。

きんめだいとしめじを煮る　鍋にAを入れて強火にかけ、煮立ったらきんめだいを皮目を上にして入れる。一煮立ちしたら中火にし、落としぶたをして15分ほど煮る。途中、つやよく煮上げるために、2〜3回煮汁をスプーンですくって全体にかける。煮汁が少し残る程度になったらしめじを加えてさっと火を通し、火を止める。

盛りつける　きんめだいを皿に盛り、あれば木の芽をのせ、煮汁をかけて、しめじを右手前に添える。

魚の煮つけ **3** 銀だら

あぶらののった銀だらを甘辛味にきりっと煮つける

材料（1人分）

1600・1800kcalを選択する場合

- ★ 銀だら（切り身）‥‥‥‥‥‥‥ 60g
  貝割れ菜‥‥‥‥‥‥ ¼パック（20g）
  - A
    - だし汁 ‥‥‥‥‥‥‥ ½カップ
    - しょうゆ ‥‥‥‥‥‥ 小さじ2
    - 日本酒 ‥‥‥‥‥‥‥ 小さじ2
    - みりん ‥‥‥‥‥‥‥ 小さじ1
    - 砂糖‥‥‥‥‥‥‥‥ 小さじ½
    - しょうが（薄切り）‥‥‥‥‥ 2枚

- ★ 1200・1400kcalを選択する場合
  銀だら（切り身）の使用量を40gにします。

1600・1800kcal を選択する場合
170kcal
塩分1.9g
糖質4.6g

1200・1400kcal を選択する場合
130kcal
塩分1.9g
糖質4.6g

作り方

貝割れ菜は　根元を切り落とし、鍋に沸かした熱湯でさっと強火でゆでて冷水にとり、水けをしぼる。

銀だらを煮る　鍋にAを入れて強火にかけ、煮立ったら銀だらを皮目を上にして入れる。一煮立ちしたら中火にし、落としぶたをしてときどき煮汁をかけながら煮汁がほぼなくなるまで煮る。

盛りつける　銀だらを皿に盛ってしょうがも添え、煮汁をかけて貝割れ菜をつけ合わせ、あれば防風を飾る。

みその風味を生かしてこっくりと煮る人気の家庭おかず

さばのみそ煮

やさい追加

| 1600・1800kcalを選択する場合 |
| 180kcal 塩分2.2g 糖質7.2g |

| 1200・1400kcalを選択する場合 |
| 140kcal 塩分2.1g 糖質7.1g |

作り方

1 さばは表面に切り込みを入れ、ボウルに移す。沸かした湯を縁から注ぎ、さばの表面が白くなったら湯を捨てて、表面の汚れを洗い流す。

2 鍋に**A**を入れてよくまぜ、**1**、しょうが(薄切り)を入れて中火にかける。煮立ったら、キッチンペーパーをかぶせて**5**分煮る。ふたをして余熱で**10**分、火を通す。

3 器にさばを盛る。煮汁を好みの濃さまで煮詰めてかけ、上にしょうがをのせる。

材料(1人分)
　1600・1800kcalを選択する場合

★さば(切り身)‥‥‥‥‥‥‥‥‥ 60g
しょうが(薄切り)‥‥‥‥‥‥ 3〜4枚
ゆずの皮‥‥‥‥‥‥‥‥‥‥‥‥ 少々

　だし汁‥‥‥‥‥‥‥‥‥‥ ½カップ
　みそ‥‥‥‥‥‥‥‥‥‥‥ 小さじ2
A　しょうゆ‥‥‥‥‥‥‥‥‥ 小さじ½
　砂糖‥‥‥‥‥‥‥‥‥‥‥ 小さじ1
　みりん‥‥‥‥‥‥‥‥‥‥ 小さじ1
しょうが(せん切り)‥‥‥‥‥‥‥ 少々

★1200・1400kcalを選択する場合
さば(切り身)の使用量を40gにします。

アドバイス 輸入もののさばを使う場合は、国産ものより脂肪分が多いので、1600・1800kcalを選択する人の使用量は40g、1200・1400kcalを選択する人の使用量は25gになります。

ぶり大根

血液サラサラ効果が高い

作り方

1　大根は3cm厚さのいちょう切りにする。鍋に入れ、かぶるくらいの米のとぎ汁を加えて火にかけ、煮立ったら約10分ゆでてざるに上げる。

2　ぶりは3等分に切る。

3　しょうがはせん切りにする。

4　鍋にAと3を入れて強火にかける。煮立ったら1と2を加え、落としぶたをして弱火で30〜40分煮込む。途中、煮汁が少なくなったら、水を少量ずつ補って煮ていく。また、煮汁をすくって全体にかけながら煮ていくと、味がよくしみ込むだけでなく、つやよく仕上がる。

5　4をしょうがごと器に盛って煮汁をかけ、上にもしょうがをのせる。

材料（1人分）
1600・1800kcalを選択する場合

★ぶり（切り身）‥‥‥‥‥‥‥‥‥ 50g
大根‥‥‥‥‥‥‥‥‥‥ 3cm（100g）
しょうが（薄切り）‥‥‥‥‥‥‥ 3枚
米のとぎ汁‥‥‥‥‥‥‥‥‥‥ 適量

A
　だし汁‥‥‥‥‥‥‥‥‥ 2/3カップ
　しょうゆ‥‥‥‥‥‥‥‥ 大さじ1
　日本酒‥‥‥‥‥‥‥‥‥ 小さじ1
　みりん‥‥‥‥‥‥‥‥‥ 小さじ2

★1200・1400kcalを選択する場合
ぶり（切り身）の使用量を30gにします。

アドバイス　塩分が多いので、煮汁はできるだけ残しましょう。ぶりは、あらを使ってもかまいません。ぶりの場合のあらとは、頭とカマをさし、あぶらがのっていて、身にもまさるうまみがあります。安価なのも魅力で、切り身とは別のコーナーに並んでいることが多いようです。あらなら約70g使えるので、見た目のボリューム感もふやせます。また、食べるのに時間がかかるので、食べすぎを防ぐことにもつながります。

| 1600・1800kcalを選択する場合 |
| **180**kcal　塩分2.8g　糖質7.3g |

| 1200・1400kcalを選択する場合 |
| **140**kcal　塩分2.7g　糖質7.2g |

魚のかす煮 ① 鮭

下ゆでした野菜といっしょに酒かすでさっと煮込む

	1600・1800kcalを選択する場合	1200・1400kcalを選択する場合
主食減量↓	**250**kcal 塩分2.1g 糖質13.5g	**180**kcal 塩分1.6g 糖質9.6g

材料（1人分）

1600・1800kcalを選択する場合

- ★甘塩鮭（切り身）‥‥‥‥‥‥‥ 90g
- ★じゃがいも‥‥‥‥‥‥ ½個（50g）
- かぶ‥‥‥‥‥‥‥‥‥ ½個（40g）
- さやいんげん‥‥‥‥‥‥‥‥ 2本
- 黒板こんにゃく‥‥‥‥‥‥‥ 40g
- 昆布‥‥‥‥‥‥‥‥‥‥‥ 4㎝
- だし汁‥‥‥‥‥‥‥‥ 1カップ
- A ┌ 酒かす‥‥‥‥‥‥‥‥‥ 15g
　　├ 日本酒‥‥‥‥‥‥ 大さじ½
　　└ 塩‥‥‥‥‥‥‥‥‥‥ 少々
- ★1200・1400kcalを選択する場合
  甘塩鮭（切り身）の使用量を60gに、じゃがいもを¼個（25g）にします。

作り方

1　昆布は3分ほど水につけて少しやわらかくし、2㎝幅に切って結び昆布にする。

2　じゃがいもは半分に切り、かぶは茎を少し残して4等分に切る。さやいんげんは筋をとって3㎝長さに切る。それぞれ、鍋に沸かした熱湯でかために強火でゆでておく。

3　黒板こんにゃくは手で一口大にちぎり、鍋に沸かした熱湯でさっと強火でゆで、ざるに上げる。

4　甘塩鮭は切り身を2～3等分に切る。

5　鍋にだし汁と1を入れて強火にかけ、煮立ったらさやいんげん以外の2を入れて中火で煮る。野菜にほぼ火が通ったところで、4と3を加え、強火で一煮立ちさせる。

6　Aを小さなボウルに入れてとき合わせ、5の汁を少し加えてときのばし、5の鍋に入れる。弱火で3分ほど煮て、仕上げにさやいんげんを加えて火を止める。

主菜　魚料理

作り方

野菜類は　大根とにんじんは乱切りに、長ねぎ
　　は斜め切りにする。生しいたけは軸を切り
　　落とし、斜め半分に切る。

焼き豆腐は　1㎝角に切る。

ぶりは　2等分に切る。

煮る　鍋にだし汁を入れて強火にかけ、煮立っ
　　たら大根とにんじん、焼き豆腐を入れて3〜
　　4分中火で煮る。ぶりとしいたけを加え、ア
　　クをとりながらさらに2〜3分煮る。ここに
　　酒かすとみそをとき入れ、長ねぎを加えて弱
　　火で3〜4分煮る。

材料（1人分）
　　1600・1800kcalを選択する場合

★ぶり（切り身）⋯⋯⋯⋯⋯⋯⋯⋯ 40g
　大根⋯⋯⋯⋯⋯⋯⋯⋯⋯⋯⋯⋯ 60g
　にんじん ⋯⋯⋯⋯⋯⋯⋯ 2㎝（20g）
　長ねぎ⋯⋯⋯⋯⋯⋯⋯⋯ ½本（30g）
　生しいたけ⋯⋯⋯⋯⋯⋯⋯⋯⋯ ½個
　焼き豆腐⋯⋯⋯⋯⋯⋯⋯⋯⋯⋯ 20g
　だし汁⋯⋯⋯⋯⋯⋯⋯⋯⋯⋯ 1カップ
　酒かす⋯⋯⋯⋯⋯⋯⋯⋯⋯⋯⋯ 15g
　みそ⋯⋯⋯⋯⋯⋯⋯⋯⋯⋯ 大さじ½

★1200・1400kcalを選択する場合
ぶり（切り身）の使用量を20gにしま
す。

魚のかす煮 2 ぶり

酒かす＋みその味つけで体が温まる冬の煮物

1600・1800kcalを選択する場合
180kcal　塩分1.3g　糖質8.9g

1200・1400kcalを選択する場合
140kcal　塩分1.3g　糖質8.9g

魚の南蛮漬け 1 鮭

野菜といっしょにピリ辛の南蛮だれに漬ける

1600・1800kcalを選択する場合	1200・1400kcalを選択する場合
150kcal 塩分2.0g 糖質8.0g	**130**kcal 塩分2.0g 糖質7.6g

材料(1人分)
1600・1800kcalを選択する場合

- ★生鮭(切り身) ……………… 60g
- 玉ねぎ ……………………… 20g
- にんじん ……………… 1cm(10g)
- 三つ葉 ……………………… 3本
- 赤とうがらし(小口切り) …… 少々
- 塩 ………………………… 少々
- かたくり粉 ………………… 適量
- A
  - しょうゆ ………… 小さじ1
  - 酢 ……………… 小さじ2
  - 砂糖 …………… 小さじ1
  - 塩 ………………… 少々
- 揚げ油 ……………………… 適量

→ ★1200・1400kcalを選択する場合
生鮭(切り身)の使用量を50gにします。

作り方

1 玉ねぎは薄切り、にんじんはせん切り、三つ葉は3〜4cm長さに切る。

2 ボウルにAを入れてよくまぜ合わせ、赤とうがらしを加えて南蛮だれを作る。

3 生鮭は一口大に切り、塩を振る。これにかたくり粉をまぶし、余分な粉は手ではたき落とす。

4 揚げ油を180度に熱し、3を1切れずつ、少し間をあけながら入れ、中火でカラリと揚げる。

5 2に揚げたての4と1を入れ、ときどき上下を返しながら1時間ほどおいて味をなじませる。

6 5を、漬け込んだ野菜や汁ごと器に盛り、野菜ごと食べる。

参考メモ 鮭を油で揚げ、揚げたての熱いところを南蛮酢にジュッと漬け込んで、味をしみ込ませた料理です。揚げた鮭を熱いうちに漬けるのは、そのほうが味の浸透がよいからです。

魚の南蛮漬け 3 わかさぎ

油でカラリと揚げて熱々を南蛮だれに漬ける

材料（1人分）

1600・1800kcalを選択する場合

	1600・1800kcal を選択する場合
わかさぎ ………… 小7尾（70g） ピーマン ……………… ½個（20g） にんじん ……………… 1㎝（10g） 玉ねぎ ………………… 20g 小麦粉 ………………… 適量	**180**kcal 塩分1.3g 糖質8.9g

	1200・1400kcal を選択する場合
A { しょうゆ ………… 小さじ1 酢 ……………… 大さじ1 砂糖 …………… 小さじ½ だし汁 ………… 大さじ1 赤とうがらし（小口切り）… 少々 揚げ油 ………………… 適量	**140**kcal 塩分1.2g 糖質7.7g

→ ★1200・1400kcalを選択する場合
わかさぎの使用量を小5尾（50g）にします。

作り方

野菜は　ピーマンは薄い輪切りにし、にんじんは3㎝長さの
　　せん切りにする。玉ねぎは薄切りにする。
南蛮だれを作る　ボウルにAを入れてよくまぜ合わせる。
わかさぎは　水の中に入れて表面を指で静かにこすってぬ
　　めりをとり、キッチンペーパーでよく水けをふきとる。これ
　　に小麦粉をまぶして余分な粉ははたき落としておく。
揚げる　揚げ油を170度に熱し、わかさぎを1尾ずつ、少し間
　　をあけながら入れ、中火で2分ほどかけてカラリと揚げる。
漬ける　揚げたわかさぎは熱いうちに南蛮だれに漬け、上に
　　野菜をのせる。これを冷蔵庫に入れ、30分〜1時間ほど
　　おいて味をよくしみ込ませる。

魚の南蛮漬け 2 鮭

油で揚げずに焼く調理法でエネルギーを抑えて

材料（1人分）

1600・1800kcalを選択する場合

	1600・1800kcal を選択する場合
生鮭（切り身） ……………… 80g 生しいたけ ……………… 1個 三つ葉 ……………… 1本 小麦粉 ……………… 小さじ1	**180**kcal 塩分1.2g 糖質6.4g

	1200・1400kcal を選択する場合
A { 薄口しょうゆ ……… 小さじ1 酢 ……………… 大さじ2 砂糖 …………… 小さじ1 赤とうがらし（小口切り）… ½本分 植物油 ……………… 小さじ1	**130**kcal 塩分1.1g 糖質6.4g

→ ★1200・1400kcalを選択する場合
生鮭（切り身）の使用量を60gに、植
物油を小さじ½にします。

やさい追加

作り方

野菜類は　生しいたけは軸を切り落として半分に切
　　る。三つ葉は1㎝長さのざく切りにする。
南蛮だれを作る　ボウルにAを入れてよくまぜ合わ
　　せる。
生鮭は　切り身を3等分に切り、小麦粉を薄くまぶし
　　て余分な粉をはたき落としておく。
焼く　フライパンに植物油を入れて強火で熱し、鮭を
　　1切れずつ入れ、両面を中火でこんがりと焼く。こ
　　のあと、しいたけも両面を中火で焼く。
漬ける　焼き上がった鮭としいたけは熱いうちに南蛮
　　だれに漬け、ときどき上下を返しながら1時間ほどお
　　いて味を含ませる。
盛りつける　器に鮭としいたけを漬け汁ごと盛り、三
　　つ葉を散らす。

魚の蒸し物 1 さんま

あぶらののったさんまをさっぱりと味わう中華風香味蒸し

1600・1800kcalを選択する場合	1200・1400kcalを選択する場合
180kcal 塩分1.8g 糖質4.1g	**140**kcal 塩分1.7g 糖質4.1g

材料（1人分）

1600・1800kcalを選択する場合

- ★さんま（筒切り）‥‥‥‥‥50g（正味48g）
- にんじん‥‥‥‥‥‥‥‥‥‥2cm（20g）
- 絹さや‥‥‥‥‥‥‥‥‥‥‥‥‥‥2枚
- しょうが（薄切り）‥‥‥‥‥‥‥‥3枚
- 長ねぎ‥‥‥‥‥‥‥‥‥‥‥‥‥‥3cm

A
- 日本酒‥‥‥‥‥‥‥‥‥‥大さじ1
- しょうゆ‥‥‥‥‥‥‥‥‥小さじ1
- 砂糖‥‥‥‥‥‥‥‥‥‥‥小さじ½
- 中華スープの素（顆粒）‥‥小さじ¼
- 豆板醤（トウバンジャン）‥‥‥‥小さじ⅓

→ ★1200・1400kcalを選択する場合
さんま（筒切り）の使用量を35g（正味33g）にします。

作り方

1 にんじんは2〜3mm厚さの輪切りにする。絹さやは筋をとり、1枚を斜め半分に切る。

2 長ねぎは白い部分だけをせん切りにして水につけ、シャキッとさせて水けをきっておく。これを白髪ねぎという。

3 ボウルにAを入れ、よくまぜ合わせておく。

4 さんまは頭と内臓をとり、3cm長さの筒切りにしたものを50g用意する。

5 器に4と1、しょうがを入れ、3をかける。これを蒸し器に入れ、強火で3〜4分蒸し、仕上げに2をさんまの上にのせる。

魚の蒸し物 2 あじ

野菜といっしょにさっぱりと味わう酢じょうゆ蒸し

材料（1人分）
1600・1800kcalを選択する場合

★あじ（三枚おろしにしたもの）‥‥‥100g
長ねぎ‥‥‥‥‥‥‥‥‥‥½本(30g)
にんじん‥‥‥‥‥‥‥‥‥3㎝(30g)
しょうが（薄切り）‥‥‥‥‥‥‥2枚
生しいたけ‥‥‥‥‥‥‥‥‥‥1個
レモン（輪切り）‥‥‥‥‥‥‥‥1枚
A┌ しょうゆ‥‥‥‥‥‥小さじ1
　└ 酢‥‥‥‥‥‥‥‥‥小さじ2

1600・1800kcalを選択する場合
150kcal
塩分1.2g
糖質3.9g

1200・1400kcalを選択する場合
130kcal
塩分1.1g
糖質3.9g

★1200・1400kcalを選択する場合
あじ（三枚おろしにしたもの）の使用
量を80gにします。

作り方
野菜類は　長ねぎは4㎝長さに切ってから、さらに縦
　　4等分に切る。にんじんは短冊切りにし、しょうがは
　　せん切りにする。生しいたけは軸を切り落として薄
　　切りにする。
あじは　頭のほうから薄皮をむき、身を半分に切る。
蒸す　蒸し器に入る大きさの器に野菜を敷き、あじを
　　のせる。その上に半分に切ったレモンをのせ、合わ
　　せたAを回しかける。これを蒸気の上がった蒸し器
　　に入れ、強火で約7～8分蒸す。

魚の蒸し物 3 銀だら

趣向を変えて洋風で味わう銀だらの野菜蒸し

材料（1人分）
1600・1800kcalを選択する場合

★銀だら（切り身）‥‥‥‥‥‥‥‥60g
玉ねぎ‥‥‥‥‥‥‥‥‥⅛個(30g)
クレソン‥‥‥‥‥‥‥‥‥‥‥3本
しょうが（薄切り）‥‥‥‥‥‥‥2枚
レモン（薄い輪切り）‥‥‥‥‥‥2枚
塩、こしょう‥‥‥‥‥‥‥‥各少々
白ワイン‥‥‥‥‥‥‥‥‥大さじ1
スープ‥‥‥‥‥‥‥‥‥‥大さじ1
※スープは、コンソメスープの素（顆粒）少々を湯
　大さじ1にといたもの。

1600・1800kcalを選択する場合
160kcal
塩分1.0g
糖質3.6g

1200・1400kcalを選択する場合
120kcal
塩分1.0g
糖質3.6g

★1200・1400kcalを選択する場合
銀だら（切り身）の使用量を40gにし
ます。

作り方
野菜は　玉ねぎは薄切りに、クレソンは長さを半分に
　　切る。
銀だらは　切り身に、軽く塩とこしょうを振る。
蒸す　蒸し器に入る大きさの器に銀だらと野菜、しょ
　　うがをのせ、白ワインとコンソメスープをかける。レ
　　モンをのせて蒸気の上がった蒸し器に入れ、強火で
　　3～4分蒸す。

野菜たっぷりで低エネルギーがうれしい **たらちり鍋**

1600・1800kcalを選択する場合	1200・1400kcalを選択する場合
160kcal 塩分3.2g 糖質4.0g	**140**kcal 塩分3.2g 糖質4.0g

作り方

1 春菊は食べやすい長さのざく切りに、白菜は茎と葉に切り分けて、茎は一口大のそぎ切りにし、葉はざく切りにする。長ねぎは斜め切りにし、生しいたけは笠に浅く星形に3本の切り込みを入れる。

2 木綿豆腐は2つ～3つに切る。

3 たらは一口大に切る。

4 小さな器に**A**を合わせて、たれを作る。

5 土鍋に、汚れをふいた昆布を敷いて水1カップを入れ、火にかける。煮立ってきたら、**3**と**1**、**2**を並べ入れ、中火でアクをとりながら煮る。

6 取り鉢に入れた**4**と薬味の万能ねぎ、削りがつおを添え、煮えたものからとり出して、たれにつけて食べる。

材料(1人分)
1600・1800kcalを選択する場合

★たら(切り身)	80g
木綿豆腐	⅙丁(50g)
春菊	¼束(50g)
白菜	½枚(50g)
長ねぎ	½本(30g)
生しいたけ	2個
昆布	10cm
A[しょうゆ	大さじ1
かぼすのしぼり汁	小さじ2
万能ねぎ(小口切り)	1～2本分
削りがつお	少々

★1200・1400kcalを選択する場合
たら(切り身)の使用量を50gにします。

102

いわしを中心に血液をサラサラにする食材が大集合

いわしのつみれ鍋

1600・1800kcalを選択する場合
180kcal　塩分2.3g　糖質6.1g

1200・1400kcalを選択する場合
140kcal　塩分2.2g　糖質6.0g

作り方

1　いわしは頭側から薄皮をむき、身を包丁でこまかくたたいてから、すり鉢に入れてすりこ木でよくすりまぜる（またはフードプロセッサーにかけてもよい）。これに**A**を加え、さらになめらかにすり合わせてつみれの生地を作る。

2　大根とにんじんは3mm厚さの輪切りにし、鍋に沸かした熱湯でややかために強火でゆでておく。しめじは根元を切り落として小分けにする。長ねぎは斜め切りにし、三つ葉はざく切りにする。

3　土鍋に**B**を入れて強火にかけ、煮立ったら**1**をスプーンなどで一口大にまとめて入れていく。再び煮立ったら中火にし、アクをすくいとる。つみれが浮き上がってきたところで**2**の野菜を加え、一煮して煮えたものから食べる。

材料（1人分）
1600・1800kcalを選択する場合

★いわし…1尾150gを手開きにしたもの
　　　　　（正味75g）
大根……………………………… 30g
にんじん…………………… 2cm(20g)
しめじ ………………… ¼パック(25g)
長ねぎ…………………… ⅓本(20g)
三つ葉…………………………… 1本

A
　みそ……………………… 小さじ⅓
　塩、こしょう …………… 各少々
　おろししょうが……… 小さじ½
　万能ねぎ(小口切り)…… 小さじ1

B
　だし汁 ………………… 1カップ
　しょうゆ……………… 大さじ½
　日本酒………………… 大さじ½
　みりん………………… 小さじ1
　塩 ………………………… 少々

★1200・1400kcalを選択する場合
いわしの使用量を1尾100gを手開きにしたもの(正味50g)にします。

カレーの風味で薄味に仕上げた **いかとしめじのカレーマリネ**

1600・1800kcalを選択する場合	1200・1400kcalを選択する場合
170kcal 塩分**1.2g** 糖質**4.2g**	**120**kcal 塩分**1.1g** 糖質**4.2g**

作り方

1 いかは皮をむいて1cm幅の輪切りにする。しめじは根元を切り落として小分けにする。

2 鍋に沸かした熱湯で、**1**をそれぞれさっと強火でゆで、ざるに上げる。

3 玉ねぎとにんにくはみじん切りにする。

4 ボウルに**A**を入れてよくまぜ、マリネ液を作る。

5 **4**に**2**と**3**を入れて1時間以上漬け込む。

6 器にサラダ菜を敷き、**5**を盛る。

アドバイス いかだけでなく、えびやほたて貝柱などをまぜてシーフードミックスにしてもおいしいものです。使用量がトータルで80g（1200・1400kcalを選択する場合60g）なら、エネルギー量はほぼ同じです。シーフードはボリュームのわりに低エネルギーなので、積極的に利用したい食材です。

材料（1人分）
1600・1800kcalを選択する場合

★いか（胴）‥‥‥‥‥‥‥‥‥‥ 80g
しめじ‥‥‥‥‥‥‥‥ ½パック（50g）
玉ねぎ‥‥‥‥‥‥‥‥‥‥ ⅙個（30g）
にんにく‥‥‥‥‥‥‥‥‥‥‥‥ ¼片
サラダ菜‥‥‥‥‥‥‥‥‥‥‥‥ 3枚

　　水‥‥‥‥‥‥‥‥‥‥‥‥ 大さじ3
　　コンソメスープの素（顆粒）
　　　‥‥‥‥‥‥‥‥‥‥‥‥ 小さじ½
A　酢‥‥‥‥‥‥‥‥‥‥‥‥ 大さじ1
　　★オリーブ油‥‥‥‥‥‥‥ 小さじ2
　　カレー粉‥‥‥‥‥‥‥‥‥‥‥ 少々
　　塩、こしょう‥‥‥‥‥‥‥‥ 各少々

★1200・1400kcalを選択する場合
いか（胴）の使用量を60gに、オリーブ油を小さじ1にします。

いかと野菜の煮物

いかのうまみを野菜に含ませた

作り方

1　大根は1cm厚さのいちょう切りにし、にんじん
　　は乱切りにする。

2　いかの胴は皮をむき、1cm幅の輪切りにする。
　　足は足先を切り落として2〜3本ずつに切り
　　分ける。

3　鍋にごま油を入れて熱し、1を強火で軽く炒
　　め合わせる。ここにだし汁を加え、煮立ったら
　　中火にして煮る。

4　大根が透き通ってきたらAを加え、2も入れ
　　て強火にし、いかの色が変わるまで煮る。筋
　　をとったさやいんげんを3cm長さに切って加
　　え、一煮したら、火を止める。

材料（1人分）
1600・1800kcalを選択する場合

★いか………………………… 120g
大根……………………… 3cm（100g）
にんじん………………… 2cm（20g）
さやいんげん ………………… 2本
だし汁…………………… ¾カップ
A　砂糖……………………小さじ½
　　みりん……………………小さじ1
　　しょうゆ…………………小さじ1½
ごま油……………………小さじ½

➡★1200・1400kcalを選択する場合
いかの使用量を70gにします。

1600・1800kcalを選択する場合		
160kcal	塩分2.1g	糖質8.1g

1200・1400kcalを選択する場合		
130kcal	塩分1.9g	糖質8.1g

アドバイス　いかのかわりに、同量のえびやほたて貝柱を使うこ
ともできます。また、大根以外に同量の白菜やかぶ
を使っても、栄養価は大根を使った場合とほぼ同じです。いかは
加熱しすぎるとかたくなるので、煮すぎないように注意しましょう。

甘ずっぱいソースで味わう中華おかず

えびのチリソース炒め

1600・1800kcalを選択する場合
170kcal 塩分2.1g 糖質7.1g

1200・1400kcalを選択する場合
130kcal 塩分2.0g 糖質7.1g

作り方

1 むきえびは、背わたをとる。

2 小さなボウルに**A**を入れ、よくまぜ合わせる。

3 チンゲン菜は六つ割りにし、鍋に沸かした熱湯に根元のかたいほうから入れて強火でゆで、しんなりしたらざるに上げて水けをきっておく。

4 フライパンにごま油を熱して長ねぎとしょうがを弱火で炒め、香りが出てきたら**1**を加えて強火で炒め合わせる。えびの色が変わったところで**2**を加えて煮立て、まぜ合わせた**B**を回し入れ、とろみがついたら火を止める。

5 **3**を皿の中心より外側に円状に盛りつけ、中心部に**4**をのせる。

材料(1人分)

1600・1800kcalを選択する場合

★むきえび ································· 80g
長ねぎ(みじん切り) ········· 大さじ1
しょうが(みじん切り) ········· 小さじ1
チンゲン菜 ················· 1株(100g)

A
　スープ ················· 大さじ3
　酢 ····················· 小さじ1
　しょうゆ ················· 小さじ1
　砂糖 ····················· 小さじ1
　トマトケチャップ ········· 小さじ1
　日本酒 ··················· 小さじ1
　豆板醤（トウバンジャン） ··················· 少々

★ごま油 ························· 大さじ½

B
　かたくり粉 ············· 小さじ½
　水 ····················· 大さじ1

※スープは、鶏がらスープの素(顆粒)少々を湯大さじ3でといたもの。

★1200・1400kcalを選択する場合
むきえびの使用量を60gに、ごま油を小さじ1にします。

いか、えび、ほたて貝と野菜を塩味で炒め合わせた　# 海鮮炒め

作り方

1　きくらげは水でもどし、石づきをとって食べやすい大きさに切る。

2　長ねぎは薄い斜め切りにする。白菜は茎の部分はそぎ切りに、葉の部分はざく切りにする。

3　いかは片面に包丁で格子状に切り目を入れて一口大に切る。

4　フライパンに植物油を熱してむきえびとほたて貝、**3**を入れて強火でざっと炒め、さらに**1**と**2**を加えて炒め合わせ、野菜がしんなりしたら**A**で味つけする。

5　**4**に、まぜ合わせた**B**を回し入れ、全体にとろみがついたら火を止める。

材料（1人分）

1600・1800kcalを選択する場合

- ★いか（胴）・・・・・・・・・・・・・・・・・・・・ 30g
- ★むきえび・・・・・・・・・・・・・・・・・・・・ 30g
- ほたて貝・・・・・・・・・・・・・・・・・・・・ 30g
- きくらげ（乾燥）・・・・・・・・・・・・・・・・ 1枚
- 長ねぎ・・・・・・・・・・・・・・・・・・ ⅓本（20g）
- 白菜・・・・・・・・・・・・・・・・・・・ 1枚（100g）
- A
  - 鶏がらスープの素（顆粒）・・・小さじ⅔
  - 塩、こしょう ・・・・・・・・・・・・・・ 各少々
- ★植物油・・・・・・・・・・・・・・・・・・・ 大さじ½
- B
  - かたくり粉 ・・・・・・・・・・・・・・小さじ½
  - 水 ・・・・・・・・・・・・・・・・・・・・・・ 大さじ1

➡ ★1200・1400kcalを選択する場合
いか（胴）、むきえびの使用量を各20gに、植物油を小さじ1にします。

アドバイス ほたて貝のかわりに、同量のほたて貝柱を使ってもよいでしょう。

1600・1800kcalを選択する場合	1200・1400kcalを選択する場合
150kcal　塩分1.6g　糖質5.0g	**120**kcal　塩分1.4g　糖質5.0g

弱火でじっくり煮込むのがコツ たこのやわらか煮

1600・1800kcalを選択する場合	1200・1400kcalを選択する場合
160kcal 塩分1.9g 糖質9.4g	**130**kcal 塩分1.8g 糖質9.4g

作り方

1　かぶは茎を少し残したまま3等分に切り、玉ねぎはくし形に切る。

2　ゆでだこの足は2cm幅の斜めぶつ切りにする。

3　鍋にごま油を入れて熱し、**1**の玉ねぎと**2**を強火でさっと炒め合わせる。全体に油が回ったら**A**を加え、煮立ったら弱火にし、10分ほど煮る。

4　**3**に**1**のかぶを加えて落としぶたをし、さらに弱火で10分煮る。

5　絹さやは筋をとり、鍋に沸かした熱湯でさっと強火でゆで、大きいものは斜め半分に切っておく。

6　**4**にみりんを加えて中火で煮立たせ、**5**を入れて一煮し、火を止める。

材料（1人分）
1600・1800kcalを選択する場合

★ゆでだこの足	½本(80g)
かぶ	½個(40g)
玉ねぎ	¼個(45g)
絹さや	3枚
A だし汁	⅔カップ
しょうゆ	小さじ1⅓
砂糖	小さじ1
みりん	小さじ½
★ごま油	小さじ1

★1200・1400kcalを選択する場合
ゆでだこの足の使用量を60gに、ごま油を小さじ½にします。

アドバイス 絹さやのかわりに、かぶの葉（1本程度）を使うのも、材料をムダなく使いきる方法です。かぶの葉には、実の部分よりも多くのカロテンやカルシウム、鉄分などの栄養成分が含まれています。

108

トマト味にこっくりと煮込んだ

たこのスペイン風煮物

作り方

1. じゃがいもは5mm厚さの半月切りにする。

2. 玉ねぎとにんにくはみじん切りにし、トマトは手でつぶしておく。

3. ゆでだこの足は1cm幅に切る。

4. 鍋にオリーブ油を入れて熱し、にんにくと玉ねぎを弱火で炒め、香りが出てきたら**3**と**1**を加えて強火でさらに一炒めする。

5. **4**にスープとトマトを加えて中火で10分ほど煮、**A**を加えて味つけし、火を止める。

6. **5**を器に盛り、パセリを振りかける。

材料(1人分)
1600・1800kcalを選択する場合

★ゆでだこの足	½本(80g)
★じゃがいも	½個(50g)
玉ねぎ	⅙個(30g)
にんにく	½片
トマト(水煮缶詰)	100g
スープ	1カップ
A ┌ チリパウダー	小さじ⅓
├ こしょう	少々
└ 砂糖	小さじ½
オリーブ油	小さじ1
パセリ(みじん切り)	少々

※スープは、コンソメスープの素(顆粒)小さじ½を湯1カップでといたもの。

★1200・1400kcalを選択する場合
ゆでだこの足の使用量を60gに、じゃがいもを¼個(25g)にします。

1600・1800kcalを選択する場合	1200・1400kcalを選択する場合
170kcal 塩分1.2g 糖質16.1g	**140**kcal 塩分1.0g 糖質12.2g

牛乳でまろやかな味わいに仕上げた

ほたて貝柱とチンゲン菜のクリーム煮

作り方

1 チンゲン菜は根元を切り落として4〜5cm長さのざく切りにし、茎と葉に分けておく。

2 ほたて貝柱は厚みを2〜3等分に切る。

3 フライパンにごま油を入れて熱し、長ねぎとしょうがを弱火で炒める。香りが出てきたらチンゲン菜の茎、2、チンゲン菜の葉の順に加えて強火でさっと炒め合わせる。

4 3にスープと日本酒を加えて強火で煮立て、牛乳を入れて、塩とこしょうで味つけする。まぜ合わせたAを回し入れ、全体にとろみがついたら火を止める。

材料（1人分）
1600・1800kcalを選択する場合

★ほたて貝柱 ………………… 4個（80g）
チンゲン菜 ………………… 1株（100g）
長ねぎ（みじん切り）……… 大さじ1
しょうが（みじん切り）……… 小さじ1
スープ ……………………… ¼カップ
日本酒 ……………………… 大さじ½
牛乳 ………………………… ¼カップ
塩 …………………………… 小さじ⅕
こしょう …………………… 少々
★ごま油 …………………… 小さじ1
A ┌ かたくり粉 ………… 小さじ1
  └ 水 ………………… 大さじ1

※スープは、鶏がらスープの素（顆粒）少々を湯¼カップでといたもの。

▶ ★1200・1400kcalを選択する場合
ほたて貝柱の使用量を3個（60g）に、ごま油を小さじ½にします。

1600・1800kcalを選択する場合
170kcal 塩分1.8g 糖質8.5g

1200・1400kcalを選択する場合
130kcal 塩分1.8g 糖質7.9g

1600・1800kcalを選択する場合	1200・1400kcalを選択する場合
160kcal　塩分0.9g　糖質6.7g	**130**kcal　塩分0.8g　糖質6.1g

ごま油で風味よく炒め合わせた

ほたて貝柱とブロッコリーの炒め物

作り方

1　ブロッコリーは小房に切り分け、鍋に沸かした熱湯で2〜3分緑色が鮮やかになるまで強火でゆで、ざるに上げて水けをきる。

2　ほたて貝柱は、厚みを2〜3等分に切る。

3　小さなボウルに**A**を合わせ、よくまぜておく。

4　フライパンにごま油を熱して、長ねぎとしょうがを弱火で炒め、香りが出てきたら**1**と**2**を加えて強火で炒め合わせる。

5　ほたて貝柱の色が変わったら**3**を加えて一煮立ちさせ、まぜ合わせた**B**を回し入れて全体にとろみをつけ、火を止める。

アドバイス　ブロッコリーは同量の冷凍食品を使ってもかまいません。ゆでる手間がないので、スピーディーに調理できます。

材料（1人分）
1600・1800kcalを選択する場合

★ほたて貝柱 ················· 5個（100g）
ブロッコリー ························· 50g
長ねぎ（みじん切り） ········· 小さじ2
しょうが（みじん切り）········ 小さじ1
　　┌ 水 ························· 大さじ1
A　│ 鶏がらスープの素（顆粒）··· 小さじ½
　　└ 日本酒 ················· 小さじ2
★ごま油 ·························· 小さじ1
B　┌ かたくり粉 ············· 小さじ½
　　└ 水 ························· 大さじ1

★1200・1400kcalを選択する場合
ほたて貝柱の使用量を4個（80g）に、ごま油を小さじ½にします。

カキに火を通しすぎないのがおいしさのコツ

カキの中華炒め

1600・1800kcalを選択する場合		
150kcal	塩分**2.3**g	糖質**9.5**g

1200・1400kcalを選択する場合		
130kcal	塩分**2.0**g	糖質**8.8**g

作り方

1　にんにくの芽は3cm長さに切り、赤ピーマンは縦に1cm幅に切る。セロリは筋をとって斜め薄切りにする。

2　カキは目のあらいざるに入れ、薄い塩水(分量外)につけながら軽く振り洗いして汚れを落とす。さらに水でさっと洗い、キッチンペーパーで水けをふいて、軽くかたくり粉をまぶしておく。

3　フライパンに植物油を入れて熱し、赤とうがらしを入れて弱火で炒める。香りが出てきたら赤ピーマン、にんにくの芽、セロリの順に入れて強火で炒め、**2**を加えて両面に焼き色がつくまで焼く。

4　**3**に、よくまぜ合わせた**A**を入れ、全体に味をからめて火を止める。

材料(1人分)
1600・1800kcalを選択する場合

- ★カキ(むき身)‥‥‥‥‥‥ 8個(120g)
- にんにくの芽‥‥‥‥‥‥‥‥‥ 1本
- 赤ピーマン‥‥‥‥‥‥‥‥‥ 20g
- セロリ‥‥‥‥‥‥‥‥‥ 1/3本(25g)
- 赤とうがらし(小口切り)‥‥‥ 1/2本分
- かたくり粉‥‥‥‥‥‥‥‥ 小さじ1
- **A** ┌ しょうゆ‥‥‥‥‥‥‥ 小さじ1
  │ 砂糖‥‥‥‥‥‥‥‥ 小さじ1/2
  └ 日本酒‥‥‥‥‥‥‥ 小さじ1
- 植物油‥‥‥‥‥‥‥‥‥ 小さじ1

★1200・1400kcalを選択する場合
カキ(むき身)の使用量を6個(90g)にします。

といた卵にかにと野菜をまぜてふんわり焼く **かに玉**

作り方

1 かには軟骨をとり除き、身をあらくほぐしておく。

2 たけのこはせん切りにし、長ねぎは斜め薄切りにする。

3 鍋に日本酒を入れ強火で熱してアルコール分をとばし、**1**と**2**を入れて中火でいり、野菜がしんなりしたら火を止めて冷ます。

4 ボウルに卵をときほぐして**3**と塩、こしょうを加えてまぜる。

5 鍋に**A**を入れて強火で煮立て、まぜ合わせた**B**を回し入れてとろみをつけ、あんを作る。

6 フライパンにごま油を熱して**4**を流し入れ、まるく形をととのえながら両面をこんがりと焼き、皿に移す。

7 **6**に**5**をかけ、さっと水にくぐらせたグリンピースを散らす。

材料（1人分）

1600・1800kcalを選択する場合

★かに（缶詰）………………… 40g
卵（Mサイズ）…………… 1個（50g）
ゆでたけのこ………………… 20g
長ねぎ……………………… ⅓本（20g）
グリンピース（冷凍または缶詰）‥ 小さじ1
日本酒……………………… 小さじ2
塩、こしょう ……………… 各少々
A｛
だし汁……………………… ¼カップ
しょうゆ…………………… 大さじ½
砂糖 ………………………… 小さじ⅓
しょうが汁…………………… 少々
B｛
かたくり粉………………… 小さじ½
水 …………………………… 小さじ1
★ごま油……………………… 小さじ1

★1200・1400kcalを選択する場合
かに（缶詰）の使用量を20gに、ごま油を小さじ½にします。

1600・1800kcalを選択する場合	1200・1400kcalを選択する場合
180kcal 塩分2.4g 糖質4.3g	**150**kcal 塩分2.1g 糖質4.3g

スクランブルエッグ **1**

半熟状にふんわりと仕上げるプレーンタイプ

材料（1人分）
1600・1800kcalを選択する場合

★卵（Mサイズ）‥‥‥‥‥‥ 1½個（75g）
グリーンアスパラガス‥‥‥‥ 細2本
ミニトマト‥‥‥‥‥‥‥‥‥‥‥ 2個
塩、こしょう‥‥‥‥‥‥‥‥‥ 各少々
牛乳‥‥‥‥‥‥‥‥‥‥‥‥‥ 大さじ2
★バター‥‥‥‥‥‥‥‥‥‥‥ 小さじ1
トマトケチャップ‥‥‥‥‥‥ 小さじ1

1600・1800kcal を選択する場合
170kcal
塩分**1.1**g
糖質**4.8**g

1200・1400kcal を選択する場合
120kcal
塩分**0.9**g
糖質**4.8**g

★1200・1400kcalを選択する場合
卵（Mサイズ）の使用量を1個（50g）
に、バターを小さじ½にします。

作り方
1 グリーンアスパラガスは鍋に沸かした熱湯でやや
しんなりするまで強火でゆで、水けをきって3cm長
さに切る。
2 ボウルに卵を入れてときほぐし、塩とこしょう、牛乳
を加えてまぜる。
3 フライパンにバターを入れて弱火でとかし、中火に
して2を流し入れ、大きくかきまぜながら火を通し、
半熟状になったら皿に盛る。
4 3のスクランブルエッグの上にトマトケチャップを
かけ、1とミニトマトをつけ合わせる。

スクランブルエッグ **2**

ツナとトマトをプラスして彩りよく仕上げる

材料（1人分）
1600・1800kcalを選択する場合

卵（Mサイズ）‥‥‥‥‥‥ 1個（50g）
★ツナ（油漬け缶詰）‥‥‥‥‥‥ 15g
ピーマン‥‥‥‥‥‥‥‥‥ 1個（40g）
トマト‥‥‥‥‥‥‥‥‥‥ ¼個（40g）
サニーレタス‥‥‥‥‥‥‥‥‥ 1枚
A ┌ 牛乳‥‥‥‥‥‥‥‥‥ 小さじ2
　├ 塩‥‥‥‥‥‥‥‥‥‥ 小さじ⅙
　└ こしょう‥‥‥‥‥‥‥‥‥ 少々
★オリーブ油‥‥‥‥‥‥‥‥ 小さじ1

1600・1800kcal を選択する場合
170kcal
塩分**1.3**g
糖質**2.9**g

1200・1400kcal を選択する場合
140kcal
塩分**1.3**g
糖質**2.9**g

★1200・1400kcalを選択する場合
ツナ（油漬け缶詰）の使用量を10gに、
オリーブ油を小さじ½にします。

作り方
野菜は　ピーマンはヘタと種を除き、5mm角に切る。ト
マトは一口大の乱切りにし、水けをキッチンペーパー
でふきとる。
卵は　ボウルに入れてときほぐし、**A**を加えてまぜ、油分
をきったツナもほぐしてまぜる。
炒める　フライパンにオリーブ油を入れて熱し、ピーマ
ンを強火でさっと炒め、トマトも加えて軽く炒め合わせ
る。卵液を流し入れ、木べらを小刻みに動かして手早
くまぜ、卵に完全に火が通る一歩手前で火を止める。
盛りつける　皿にサニーレタスを食べやすい大きさにち
ぎってのせ、スクランブルエッグを盛る。

スクランブルエッグ 4

具だくさんにしてボリューム感をもたせる

材料（1人分）

1600・1800kcalを選択する場合

卵（Mサイズ） ……………	1個(50g)
わかめ（もどしたもの） …………	10g
長ねぎ ……………………	½本(30g)
まいたけ ………………	⅛パック(20g)
A ┌ しょうゆ ……………	小さじ½
├ 日本酒 ……………	小さじ1
└ 塩 …………………	少々
★ごま油 …………………	大さじ½

1600・1800kcal を選択する場合
150kcal
塩分1.5g
糖質1.6g

1200・1400kcal を選択する場合
130kcal
塩分1.5g
糖質1.5g

★1200・1400kcalを選択する場合
ごま油の使用量を小さじ1にします。

作り方

野菜類は　長ねぎは斜め薄切りにし、まいたけは小分けにする。

わかめは　ざく切りにする。

卵は　ボウルに入れてときほぐす。

炒める　フライパンにごま油を入れて熱し、野菜類を強火で炒める。長ねぎがややしんなりしたらわかめを加え、Aで味つけする。ここに卵液を流し入れ、大きくかきまぜながら火を通し、卵に完全に火が通る一歩手前で火を止める。

スクランブルエッグ 3

絹さやと組み合わせて彩りと歯ざわりを楽しむ

材料（1人分）

1600・1800kcalを選択する場合

卵（Mサイズ） ……………	1個(50g)
絹さや ……………………	18枚(40g)
玉ねぎ（みじん切り） ………	大さじ2
塩、こしょう …………………	各少々
★植物油 …………………	小さじ1
★バター …………………	小さじ1

1600・1800kcal を選択する場合
160kcal
塩分0.8g
糖質3.9g

1200・1400kcal を選択する場合
130kcal
塩分0.7g
糖質3.9g

★1200・1400kcalを選択する場合
植物油の使用量を小さじ½に、バターを小さじ½にします。

作り方

絹さやは　筋をとる。

卵は　ボウルに入れてときほぐし、塩とこしょうを加えてまぜる。

炒める　フライパンに植物油とバター、玉ねぎを入れ、弱火で玉ねぎが透き通ってくるまで炒める。絹さやを加えて中火で炒め、しんなりしたら卵液を流し入れ、卵の表面が固まりかけたら大きくかきまぜ、火を止める。

オムレツ1

小角切りにしたトマトをまぜて木の葉状に焼き上げる

1600・1800kcalを選択する場合	1200・1400kcalを選択する場合
160kcal 塩分1.2g 糖質5.9g	**140**kcal 塩分1.2g 糖質5.9g

材料（1人分）

1600・1800kcalを選択する場合

卵（Mサイズ）･･････････ 1個(50g)
トマト･･････････････ 約⅓個(60g)
玉ねぎ････････････････ ¼個(45g)
サラダ菜････････････････････ 1枚
パセリ･･････････････････････ 少々

A
┌ 牛乳 ･･････････････ 大さじ1
├ 塩 ･････････････ 小さじ⅙
└ こしょう ････････････ 少々

★植物油 ･･････････････ 大さじ½

★1200・1400kcalを選択する場合
植物油の使用量を小さじ1にします。

作り方

1 トマトは皮を湯むきして種を除き、1cm角に切る。玉ねぎはみじん切りにする。

2 卵はボウルに入れてときほぐし、Aを加えてまぜる。

3 2に1を加えて軽くまぜる。

4 小さめのフライパンに植物油を入れて強火で熱し、3を一気に流し入れ、菜箸かフォークで大きくかきまぜる。全体が半熟状になったら火からはずして卵を手前から向こうへ寄せ、端と端を中央で折り合わせて、木の葉状に形をととのえ、裏返す。再び火に戻して中火で軽く焼き色をつけ、火を止める。

5 4を皿に盛り、食べやすい大きさにちぎったサラダ菜とパセリをつけ合わせる。

116

オムレツ**2**

じゃがいもを加えたオープンスタイルのスペイン風

材料（1人分）

1600・1800kcalを選択する場合

★卵（Mサイズ）	…………	1½個（75g）
★ベーコン	………………	½枚（10g）
じゃがいも	…………	⅓個（30g）
玉ねぎ	…………	⅙個（30g）
赤ピーマン	………………	20g
にんにく（みじん切り）	………	½片分
パセリ	………………	少々
塩、こしょう	………………	各少々
トマトケチャップ	…………	大さじ1
★植物油	………………	大さじ½

1600・1800kcal を選択する場合
260kcal
塩分1.4g
糖質12.7g

1200・1400kcal を選択する場合
180kcal
塩分1.2g
糖質12.5g

→ ★1200・1400kcalを選択する場合
卵（Mサイズ）の使用量を1個（50g）
に、ベーコンを¼枚（5g）に、植物油を
小さじ1にします。

主食減量

作り方

野菜は　じゃがいもは5mm厚さのいちょう切りにし、鍋に沸かした熱湯で中火でかためにゆで、ざるに上げて水けをきっておく。玉ねぎは薄切り、赤ピーマンは薄い輪切りにする。

ベーコンは　7〜8mm幅に切る。

具を炒める　フライパンに植物油の半量を入れて熱し、野菜類とベーコン、にんにくを強火で炒め合わせ、玉ねぎがしんなりしたら火を止める。

卵は　ボウルに入れてときほぐし、炒めた具をあら熱をとってまぜ、塩とこしょうも加えてまぜる。

炒める　フライパンに残りの植物油を入れて強火で熱し、卵液を一気に流し入れ、2〜3回大きくかきまぜてから弱火でじっくり焼く。卵の縁が乾いてきたら裏返し、焼き色がつくまで焼く。

盛りつける　焼き上がったら食べやすい大きさに切ってトマトケチャップをかけ、パセリを添える。

オムレツ**3**

相性のよいにらと合わせて和洋兼用おかずに

材料（1人分）

1600・1800kcalを選択する場合

★卵（Mサイズ）	…………	1½個（75g）
にら	………………	⅓束（30g）
長ねぎ	………………	¼本（15g）
塩、こしょう	………………	各少々
ごま油	………………	大さじ½

1600・1800kcal を選択する場合
170kcal
塩分1.1g
糖質1.2g

1200・1400kcal を選択する場合
130kcal
塩分1.0g
糖質1.2g

→ ★1200・1400kcalを選択する場合
卵（Mサイズ）の使用量を1個（50g）
にします。

作り方

野菜は　にらは3〜4cm長さのざく切りに、長ねぎは斜め薄切りにする。

卵は　ボウルに入れてときほぐし、塩とこしょうを加えてまぜる。

炒める　フライパンにごま油を入れて熱し、野菜を強火で炒め合わせる。にらがしんなりしたら卵液を一気に流し入れ、大きくかきまぜて半熟状にしてから火を弱めてじっくり焼く。卵の縁が乾いてきたら裏返し、焼き色がつくまで弱火で焼く。

盛りつける　焼き上がったオムレツを食べやすい大きさに切って器に盛る。

卵とじ 1

ちくわと三つ葉、しめじをふわっととじる

1600・1800kcalを選択する場合	1200・1400kcalを選択する場合
180kcal 塩分1.8g 糖質7.0g	**140**kcal 塩分1.7g 糖質7.0g

材料（1人分）
1600・1800kcalを選択する場合

- ★卵（Mサイズ）……………… 1½個（75g）
- 焼きちくわ……………… 小1本（30g）
- 三つ葉……………… 1束（50g）
- しめじ……………… ⅓パック（30g）
- A
  - だし汁……………… ⅛カップ
  - しょうゆ……………… 小さじ1
  - みりん……………… 小さじ1

➡ ★1200・1400kcalを選択する場合
卵（Mサイズ）の使用量を1個（50g）
にします。

作り方

1 焼きちくわは、縦半分に切って斜め薄切りにする。

2 三つ葉は3㎝長さに切る。しめじは根元を切り落として小分けにしておく。

3 卵はボウルに入れてときほぐす。

4 浅めの鍋にAを入れて煮立て、1としめじを入れて中火で煮る。しめじがしんなりしたら火を強め、煮汁が沸騰しているところへ3を回し入れる。

5 4に三つ葉を散らして中火にし、鍋底に卵がくっつかないように鍋を揺する。卵が半熟状になったら火を止め、ふたをして少し蒸らして、器に盛る。

118

卵とじ❸

たっぷりのきのこを使った洋風卵とじ

材料（1人分）
1600・1800kcalを選択する場合

★卵（Mサイズ）…………… 1½個（75g）
生しいたけ…………………… 2個
しめじ ……………… ½パック（50g）
サラダ菜…………………… 2枚
塩 ……………………… 小さじ⅙
植物油…………………… 小さじ1
バター…………………… 小さじ½

1600・1800kcal を選択する場合
170kcal
塩分1.3g
糖質1.1g

1200・1400kcal を選択する場合
140kcal
塩分1.2g
糖質1.1g

★1200・1400kcalを選択する場合
卵（Mサイズ）の使用量を1個（50g）に
します。

作り方

きのこは　生しいたけは軸を切り落として薄切りに、
　しめじは根元を切り落として小分けにする。
卵は　ボウルに入れてときほぐしておく。
焼く　小さめのフライパンに植物油とバターを入れて
　熱し、きのこを強火で炒める。きのこがしんなりし
　たら塩を振り、とき卵を流し入れて大きくまぜ、卵に
　完全に火が通る一歩手前で火を止める。
盛りつける　器にサラダ菜を敷き、卵とじを盛る。

卵とじ❷

にらとちりめんじゃこを半熟状にとろりととじる

材料（1人分）
1600・1800kcalを選択する場合

★卵（Mサイズ）…………… 2個（100g）
にら………………………… ¼束（25g）
ちりめんじゃこ…………… 大さじ1
A［ だし汁 ………………… ½カップ
　しょうゆ …………… 小さじ1
　みりん …………… 小さじ⅔ ］

1600・1800kcal を選択する場合
180kcal
塩分1.8g
糖質2.3g

1200・1400kcal を選択する場合
140kcal
塩分1.7g
糖質2.2g

★1200・1400kcalを選択する場合
卵（Mサイズ）の使用量を1½個（75g）
にします。

やさい追加

作り方

にらは　3〜4cm長さのざく切りにする。
ちりめんじゃこは　ざるに入れて熱湯を回しかけ、水
　けをきる。
卵は　ボウルに入れてときほぐしておく。
煮る　鍋にAを入れて煮立て、にらを加えて強火で一
　煮する。ちりめんじゃこも入れ、煮汁が煮立ったら
　とき卵を全体に回し入れ、半熟程度で火を止める。
　ふたをして少し蒸らしてから、汁ごと器に盛る。

落とし卵①

好みのかたさにし、野菜あんをかけてのどごしよく

1600・1800kcalを選択する場合	1200・1400kcalを選択する場合
140kcal 塩分1.6g 糖質7.8g	**130**kcal 塩分1.6g 糖質7.8g

材料（1人分）

1600・1800kcalを選択する場合

卵（Mサイズ）…………………	1個（50g）
玉ねぎ……………………………	20g
にんじん…………………………	2㎝（20g）
絹さや……………………………	2枚

A	だし汁…………………	½カップ
	しょうゆ………………	小さじ1 ½
	日本酒…………………	小さじ1
	みりん…………………	小さじ1
	砂糖……………………	小さじ½

	★ごま油………………	小さじ½
B	かたくり粉……………	小さじ½
	水………………………	小さじ1

★1200・1400kcalを選択する場合
ごま油は使用しません。

作り方

1 玉ねぎは薄切りに、絹さやは筋をとってにんじんともにせん切りにする。

2 鍋にAを入れて煮立て、**1**を加えてしんなりするまで弱めの中火で煮、ごま油を加える。ここに、まぜ合わせたBを回し入れ、全体にとろみがついたら火を止める。

3 鍋に4カップ程度の熱湯を沸かして酢少々（分量外）を入れ、弱火にして煮立ちを抑える。小さな器に割り入れた卵を鍋に落とし入れ、フォークで手早く黄身を包むように白身をかぶせ、形よくまとめる。白身が固まってゆらゆらしてきたら網じゃくしですくい上げ、キッチンペーパーにとって水けをとる。

4 **3**を器に盛り、**2**をかける。

落とし卵2

黄身をくずしながら食べるサラダ仕立てに

作り方

野菜は　サラダ用ほうれんそうは食べやすい長さに切り、セロリは筋をむきとって端から薄切りにする。

ロースハムは　細切りにする。

卵は　小鉢に割り入れ、右ページの作り方3と同様にして半熟状の落とし卵を作る。

盛りつける　ロースハムと野菜をさっくりと合わせて器に敷き、落とし卵をのせて、まぜ合わせた**A**をかけ、塩とこしょうを振る。

アドバイス　生で食べられるサラダ用ほうれんそうが入手できないときは、同量のキャベツやレタスのせん切りで代用しましょう。

材料（1人分）
　　1600・1800kcalを選択する場合
卵（Mサイズ）‥‥‥‥‥‥‥‥‥　1個（50g）
★ロースハム ‥‥‥‥‥‥‥‥‥　2枚（30g）
サラダ用ほうれんそう ‥‥‥‥‥　40g
セロリ ‥‥‥‥‥‥‥‥‥‥‥　1/4本（20g）
A［プレーンヨーグルト‥‥ 大さじ2
　　トマトケチャップ ‥‥‥小さじ2
塩、こしょう ‥‥‥‥‥‥‥‥‥　各少々

★1200・1400kcalを選択する場合
ロースハムの使用量を1枚（15g）にします。

1600・1800kcalを選択する場合
170kcal　塩分**1.6**g　糖質**5.0**g

1200・1400kcalを選択する場合
140kcal　塩分**1.2**g　糖質**4.9**g

いり豆腐 1

鶏ひき肉とキャベツ、にんじんを加えていりつける

1600・1800kcalを選択する場合	1200・1400kcalを選択する場合
180kcal 塩分1.5g 糖質4.7g	**140**kcal 塩分1.5g 糖質4.5g

材料（1人分）
1600・1800kcalを選択する場合

- ★木綿豆腐 …………… ⅓丁(100g)
- 鶏ひき肉 ………………… 20g
- キャベツ ……………… ½枚(30g)
- にんじん ……………… 2㎝(20g)
- A ┌ しょうゆ ……… 小さじ1½
-   ├ みりん ………… 小さじ1
-   └ 塩 ……………………… 少々
- ★植物油 ……………… 小さじ1

→ ★1200・1400kcalを選択する場合
木綿豆腐の使用量を80g、植物油を小さじ½にします。

作り方

1 キャベツはそのまま、にんじんは薄切りにし、それぞれ鍋に沸かした熱湯でしんなりするまで強火でゆで、ざるに上げて水けをきり、あらいみじん切りにする。

2 豆腐はキッチンペーパーに包んで耐熱皿にのせ、電子レンジで30秒ほど加熱して水分を抜く。

3 鍋に植物油を入れて熱し、鶏ひき肉を強火で炒める。ひき肉の色が変わってポロポロになってきたら、2を手でくずし入れ、1も加えて中火で炒め合わせる。

4 豆腐がほぐれたらAで味つけし、汁けがなくなるまでいりつけて火を止める。

アドバイス 鶏ひき肉を使わずに、木綿豆腐をふやしてもかまいません。その場合の使用量は、1600・1800kcalを選択する人は½丁(150g)、1200・1400kcalを選択する人は120gになります。

アドバイス 豆腐は水分をたくさん含んでいるので、炒め物などに使うときはキッチンペーパーに包んだり重しをのせるなどしてしばらくおき、水分を出しておく必要があります。ここで紹介したように、電子レンジを使うと簡単に水分を抜くことができます。

いり豆腐 ❸

とりどりの具を彩りよく合わせていりつける

材料（1人分）

1600・1800kcalを選択する場合

木綿豆腐	⅓丁（100g）
★ちくわ	小1½本（45g）
にんじん	2㎝（20g）
さやいんげん	2本
しらたき	30g
A　だし汁	小さじ½
しょうゆ	小さじ½
砂糖	小さじ½
塩	少々
★植物油	小さじ1

1600・1800kcalを選択する場合
180kcal 塩分1.6g 糖質9.9g

1200・1400kcalを選択する場合
150kcal 塩分1.3g 糖質7.8g

★1200・1400kcalを選択する場合
ちくわの使用量を小1本（30g）に、植物油を小さじ½にします。

作り方

豆腐は　右ページの作り方2と同様にして水分を抜く。

野菜は　にんじんは3㎝長さのせん切りにする。さやいんげんは筋をとり、鍋に沸かした熱湯でややかために強火でゆで、斜めに薄く切る。

ちくわとしらたき　ちくわは薄切りに、しらたきは鍋に沸かした熱湯でさっと強火でゆで、食べやすい長さに切って水けをきる。

炒める　鍋に植物油を熱して、にんじんとちくわ、しらたきを強火で炒め合わせる。全体に油が回ったら強火のまま豆腐を手でくずし入れる。Aも加えて、汁けがなくなるまで中火でいりつける。最後にさやいんげんを加えてひとまぜし、火を止める。

いり豆腐 ❷

仕上げにとき卵も加えて口当たりよく

材料（1人分）

1600・1800kcalを選択する場合

木綿豆腐	⅛丁（50g）
★卵（Mサイズ）	1個（50g）
玉ねぎ	20g
にんじん	1㎝（10g）
グリンピース（冷凍または缶詰）	大さじ1
塩	小さじ⅙
砂糖	小さじ1
★植物油	小さじ1

1600・1800kcalを選択する場合
170kcal 塩分1.2g 糖質6.8g

1200・1400kcalを選択する場合
120kcal 塩分1.1g 糖質6.7g

★1200・1400kcalを選択する場合
卵（Mサイズ）の使用量を½個分（25g）に、植物油を小さじ½にします。

作り方

豆腐は　右ページの作り方2と同様にして20秒ほど電子レンジで加熱し、水分を抜く。

野菜は　玉ねぎとにんじんは5㎜角に切り、グリンピースは鍋に沸かした熱湯でさっと強火でゆでる。

卵は　ボウルに入れてときほぐす。

炒める　鍋に植物油を熱して、玉ねぎとにんじんを強火で炒め合わせる。玉ねぎが透き通ってきたら豆腐を手でくずし入れ、中火でさらに炒める。

いりつける　グリンピースも加えて塩と砂糖で味つけし、とき卵を流し入れてさらに汁けがなくなるまでいりつける。

チャンプルー1

豚肉とにがうり、もやしを炒め合わせた代表格

1600・1800kcalを選択する場合	1200・1400kcalを選択する場合
190kcal 塩分2.2g 糖質3.7g	**140**kcal 塩分2.2g 糖質3.6g

材料（1人分）
1600・1800kcalを選択する場合

木綿豆腐……………………⅓丁（100g）
★豚もも薄切り肉（赤身）………30g
もやし………………………⅕袋（50g）
生しいたけ……………………1個
キャベツ……………………½枚（30g）
にんじん……………………1㎝（10g）
にがうり……………………10g
きくらげ（乾燥）………………2枚
A［ 塩、こしょう………各少々
　 しょうゆ…………小さじ2
★ごま油……………………小さじ1

★1200・1400kcalを選択する場合
豚もも薄切り肉（赤身）の使用量を
10g、ごま油を小さじ½にします。

作り方

1　豆腐はキッチンペーパーに包んで耐熱皿にのせ、電子レンジで30秒ほど加熱して水分を抜く。

2　きくらげは水でもどし、石づきをとって小さくちぎる。もやしはひげ根をつみとり、生しいたけは軸を切り落として薄切りにする。

3　キャベツとにんじんは短冊切りにし、にがうりは縦半分に切ってわたをとり、端から薄切りにする。

4　豚肉は一口大に切る。

5　フライパンにごま油を入れて熱し、4を強火で炒める。肉の色が変わったら2と3を加えてさっと炒め合わせ、1を手でくずし入れ、よく炒め合わせてAで味つけし、火を止める。

チャンプルー 2

野菜だけを組み合わせ、ごま油で風味づけ

材料（1人分）

1600・1800kcalを選択する場合

	1600・1800kcal を選択する場合 **180**kcal 塩分1.7g 糖質3.7g
★木綿豆腐 ‥‥‥‥‥‥‥‥ ½丁(150g)	
もやし ‥‥‥‥‥‥‥‥ ⅕袋(50g)	
にんじん ‥‥‥‥‥‥‥ 2cm(20g)	
絹さや ‥‥‥‥‥‥‥‥‥‥ 7枚	1200・1400kcal を選択する場合 **120**kcal 塩分1.7g 糖質3.3g
しょうゆ ‥‥‥‥‥‥‥‥ 小さじ1½	
塩 ‥‥‥‥‥‥‥‥‥‥‥‥ 少々	
★ごま油 ‥‥‥‥‥‥‥‥‥ 小さじ1	
削りがつお ‥‥‥‥‥‥‥ ひとつまみ	

★1200・1400kcalを選択する場合
木綿豆腐の使用量を⅓丁(100g)に、
ごま油を小さじ½にします。

作り方

豆腐は　右ページの作り方1と同様にして1分ほど電
子レンジで加熱し、水分を抜く。

野菜は　もやしはひげ根をつみとって水につけ、シャ
キッとさせて、水けをきっておく。絹さやは筋をとっ
てにんじんとともにせん切りにする。

炒める　フライパンにごま油を入れて熱し、野菜を強
火で炒め合わせ、豆腐を手でくずし入れて、さらによ
く炒める。豆腐に油が回ったらしょうゆと塩で味つ
けし、最後に削りがつおを加えてまぜ、火を止める。

チャンプルー 3

もやしのシャキシャキ感を生かしてシンプルに

材料（1人分）

1600・1800kcalを選択する場合

	1600・1800kcal を選択する場合 **170**kcal 塩分1.7g 糖質2.5g
★木綿豆腐 ‥‥‥‥‥‥‥‥ ½丁(150g)	
もやし ‥‥‥‥‥‥‥‥ ⅕袋(50g)	
にら ‥‥‥‥‥‥‥‥‥ ⅓束(30g)	
A ┌ しょうゆ ‥‥‥‥‥ 小さじ1½	1200・1400kcal を選択する場合 **130**kcal 塩分1.7g 糖質2.1g
│ だし汁 ‥‥‥‥‥‥‥ 小さじ1	
└ 塩、こしょう ‥‥‥‥ 各少々	
削りがつお ‥‥‥‥‥‥‥‥ 少々	
植物油 ‥‥‥‥‥‥‥‥‥ 小さじ1	

★1200・1400kcalを選択する場合
木綿豆腐の使用量を⅓丁(100g)に
します。

作り方

豆腐は　右ページの作り方1と同様にして1分ほど電
子レンジで加熱し、水分を抜く。

野菜は　もやしはひげ根をつみとって水につけ、シャ
キッとさせて、水けをきっておく。にらは3cm長さに
切る。

炒める　フライパンに植物油を入れて熱し、もやしを
強火で炒める。ややしんなりしたら豆腐を手でくず
し入れて、さらによく炒める。豆腐に火が通ったら
にらも加えて一炒めし、Aで味つけして火を止める。

盛りつける　器に盛り、上に削りがつおをのせる。

豆腐とトマトの炒め物 1

カレー粉の風味を利用して薄味に仕上げる

1600・1800kcalを選択する場合	1200・1400kcalを選択する場合
180kcal 塩分1.5g 糖質8.5g	**140**kcal 塩分1.5g 糖質8.0g

材料（1人分）

1600・1800kcalを選択する場合

- ★絹ごし豆腐 …………… ½丁（150g）
- トマト ………………… 約⅓個（60g）
- 玉ねぎ ………………… ¼個（45g）
- ピーマン ……………… ¼個（10g）
- しょうが（みじん切り）…… 小さじ¼
- にんにく（みじん切り）…… 小さじ¼
- A
  - カレー粉 …………… 小さじ½
  - 砂糖 ………………… 小さじ½
  - 日本酒 ……………… 小さじ1
- 塩 ……………………… 小さじ¼
- こしょう ………………… 少々
- ★植物油 ………………… 大さじ½

→ ★1200・1400kcalを選択する場合
絹ごし豆腐の使用量を⅓丁（100g）
に、植物油を小さじ1にします。

作り方

1 豆腐はキッチンペーパーで包み、まな板において平皿などをのせて重しをし、30分ほどおいて水分を抜く。これを2cm角に切る。

2 トマト、玉ねぎ、ピーマンもそれぞれ2cm角に切る。

3 フライパンに植物油の半量としょうがとにんにくを入れて弱火で炒め、香りが出てきたら2を加えて強火で炒め合わせる。ここに塩とこしょうを振って、いったん皿にとり出しておく。

4 3のフライパンに残りの植物油を入れて熱し、1を入れて焼き色がつくまで強火で焼く。

5 4に3の野菜類を戻し入れ、Aも加えて全体をよく炒め合わせ、火を止める。

豆腐とトマトの炒め物 ②

豆板醤を加えてピリッと辛みを添えた中華味に

作り方

豆腐は　右ページの作り方1と同様にして水分を抜き、1cm角に切る。

野菜は　トマトはくし形に6等分くらいに切り、にんにくの芽は3cm長さに切る。

炒める　フライパンに植物油を入れて熱し、豆腐にうっすらと焼き色がつくまで中火で焼く。ここに長ねぎと野菜を加えて強火で炒め合わせ、にんにくの芽がややしんなりしたらよくまぜ合わせたAを回し入れて全体にからめ、火を止める。

材料（1人分）
1600・1800kcalを選択する場合

- ★絹ごし豆腐………………… ⅔丁（200g）
- トマト…………………… ½個（80g）
- にんにくの芽………………… 1本
- 長ねぎ（みじん切り）……… 大さじ1

A
- スープ……………… 大さじ1
- しょうゆ…………… 小さじ1
- 砂糖………………… 小さじ½
- 豆板醤……………… 小さじ⅓

- ★植物油………………… 小さじ1

※スープは、鶏がらスープの素（顆粒）少々を湯大さじ1でといたもの。

★1200・1400kcalを選択する場合
絹ごし豆腐の使用量を½丁（150g）に、植物油を小さじ½にします。

1600・1800kcalを選択する場合	1200・1400kcalを選択する場合
180kcal　塩分1.4g　糖質6.9g	**140**kcal　塩分1.4g　糖質6.5g

1600・1800kcalを選択する場合	1200・1400kcalを選択する場合
190kcal 塩分1.5g 糖質5.7g	**140**kcal 塩分1.5g 糖質5.5g

材料（1人分）

1600・1800kcalを選択する場合

- ★木綿豆腐………… ⅓丁（100g）
- ★豚ひき肉………………… 20g
- 干ししいたけ…………… 1個
- 長ねぎ………… ⅓本（20g）
- しょうが、にんにく…… 各少々
- みそ………… 小さじ½

A
- しょうゆ……… 小さじ1
- 砂糖………… 小さじ⅔
- 豆板醤（トウバンジャン）………… 少々
- 水……………… ⅓カップ

B
- かたくり粉…… 小さじ½
- 水……………… 大さじ1

- ★植物油…………… 小さじ1

→ ★1200・1400kcalを選択する場合
木綿豆腐の使用量を約¼丁（80g）に、豚ひき肉を10gに、植物油を小さじ½にします。

作り方

1 豆腐はキッチンペーパーに包んで耐熱皿にのせ、電子レンジで1分ほど加熱し水分を抜く。

2 干ししいたけはもどし、石づきを切り落としてみじん切りにする。長ねぎもみじん切りにする。

3 しょうがとにんにくもみじん切りにする。

4 小さなボウルにAを入れ、よくまぜ合わせておく。

5 フライパンに植物油を入れて熱し、3を弱火で炒めて香りを出す。豚ひき肉を加えてほぐしながら強火で炒め、ひき肉の色が変わったら2と1を加えて一炒めする。

6 5に4を入れて全体にからめ、まぜ合わせたBを回し入れてとろみをつけ、火を止める。

豆腐と肉の炒め物 ❷

牛ひき肉とレタスを使って変化をつけた「麻婆豆腐」

材料（1人分）

1600・1800kcalを選択する場合

★絹ごし豆腐	……………	⅓丁（100g）
★牛ひき肉（赤身）	……………	20g
レタス	……………	2枚（60g）
しょうが（みじん切り）	……	小さじ⅓
にんにく（みじん切り）	……	小さじ½
長ねぎ（みじん切り）	………	大さじ1

A	しょうゆ	…………	小さじ1
	みそ	……………	小さじ½
	砂糖	…………	小さじ½
	日本酒	…………	大さじ1
	豆板醤（トウバンジャン）	………	少々
	水	……………	¼カップ

B	かたくり粉	…………	小さじ1
	水	……………	小さじ2

★植物油 …………… 小さじ¾

1600・1800kcal
を選択する場合
190kcal
塩分1.5g
糖質7.2g

1200・1400kcal
を選択する場合
140kcal
塩分1.5g
糖質6.9g

★1200・1400kcalを選択する場合

絹ごし豆腐の使用量を80gに、牛ひき肉（赤身）を10gに、植物油を小さじ½にします。

作り方

豆腐は　右ページの作り方1と同様にして水分を抜き、1cm角に切る。

レタスは　手で一口大にちぎっておく。

炒める　フライパンに植物油としょうが、にんにく、長ねぎを入れて弱火で炒め、香りが出てきたら牛ひき肉を加えて強火でよく炒め合わせる。

煮る　ひき肉に火が通ってポロポロしてきたらよくまぜ合わせたAを加えて強火で煮、煮立つ直前に豆腐を入れて弱火で3～4分煮込む。最後にレタスを加えて強火でさっと火を通し、まぜ合わせたBを回し入れてとろみをつけ、火を止める。

豆腐と肉の炒め物 ❸

コチュジャンを使って韓国風の辛み炒めに

材料（1人分）

1600・1800kcalを選択する場合

木綿豆腐	……………	⅙丁（50g）
★牛もも薄切り肉（赤身）	…………	40g
ピーマン	……………	¼個（10g）

A	にんにく（みじん切り）	‥	小さじ½
	しょうが（みじん切り）	‥	小さじ½
	長ねぎ（みじん切り）	‥	大さじ1

B	しょうゆ	…………	小さじ1
	日本酒	…………	小さじ1
	コチュジャン	………	大さじ½
	赤とうがらし（小口切り）	‥	½本分

★ごま油 …………… 小さじ1

1600・1800kcal
を選択する場合
180kcal
塩分1.5g
糖質6.2g

1200・1400kcal
を選択する場合
130kcal
塩分1.5g
糖質6.1g

やさい追加

★1200・1400kcalを選択する場合

牛もも薄切り肉（赤身）の使用量を20gに、ごま油を小さじ½にします。

作り方

豆腐は　右ページの作り方1と同様にして水分を抜き、1cm角に切る。

ピーマンは　みじん切りにする。

牛肉は　一口大に切る。

炒める　フライパンにごま油とAを入れて弱火で炒め、香りが出てきたら豆腐を加えて強火で一炒めしてから、牛肉も加えてよく炒め合わせる。肉の色が変わったらよくまぜ合わせたBを加えて全体にからめ、火を止める。

盛りつける　器に盛り、上にピーマンを散らす。

豆腐ステーキ① きのこを加えたみぞれソースでさっぱり味わう

1600・1800kcalを選択する場合	1200・1400kcalを選択する場合
190kcal 塩分1.7g 糖質5.1g	**130**kcal 塩分1.7g 糖質4.7g

材料（1人分）

1600・1800kcal を選択する場合

★木綿豆腐‥‥‥‥‥‥‥‥‥‥ ½丁（150g）
大根‥‥‥‥‥‥‥‥‥‥‥‥ 2.5㎝（80g）
しめじ‥‥‥‥‥‥‥‥‥‥ ⅓パック（30g）
にんにく‥‥‥‥‥‥‥‥‥‥‥‥‥ ⅓片
貝割れ菜‥‥‥‥‥‥‥‥‥‥‥‥ 15本
A［ だし汁‥‥‥‥‥‥‥‥‥‥ 大さじ1
　　しょうゆ‥‥‥‥‥‥‥‥‥ 小さじ2
　　みりん‥‥‥‥‥‥‥‥‥ 小さじ½
★植物油‥‥‥‥‥‥‥‥‥‥‥ 小さじ1

→ ★1200・1400kcal を選択する場合
木綿豆腐の使用量を⅓丁（100g）に、
植物油を小さじ½にします。

作り方

1 豆腐はキッチンペーパーで包み、まな板において平皿などをのせて重しをし、30分ほどおいてよく水分を抜く。これを6等分に切る。

2 大根はすりおろし、にんにくは薄切りにする。しめじは根元を切り落とし、小分けにしておく。

3 鍋にAを入れて強火で煮立て、2を入れて、しめじがしんなりするまで弱火で煮る。

4 フライパンに植物油を熱して1を並べ入れ、中火で両面をこんがりと焼いて皿にとる。

5 4に3をかけ、根元を切り落として長さを2〜3等分に切った貝割れ菜を散らす。

作り方

豆腐は　右ページの作り方1と同様にして水分を抜く。

野菜は　玉ねぎとにんにくは薄切りにし、玉ねぎは水につける。

焼く　フライパンに植物油とにんにくを入れて弱火にかけ、じっくりとにんにくの香りを油に移す。にんにくが色づいてきたらとり出しておく。豆腐に塩とこしょうを振ってフライパンに入れ、両面を中火でこんがりと焼きつけ、火を弱めてしばらく焼き、豆腐の中まで熱くする。仕上げにしょうゆを回しかけてからめ、火を止める。

盛りつける　器に水けをしぼった玉ねぎを敷き、豆腐ステーキを盛ってにんにくをのせ、フライパンに残った焼き汁をかける。

材料（1人分）
1600・1800kcalを選択する場合

★木綿豆腐 ‥‥‥‥‥‥‥‥‥‥ ½丁（150g）
玉ねぎ‥‥‥‥‥‥‥‥‥‥‥‥ ¼個（45g）
にんにく ‥‥‥‥‥‥‥‥‥‥‥‥‥ 1片
塩、こしょう ‥‥‥‥‥‥‥‥‥ 各少々
しょうゆ‥‥‥‥‥‥‥‥‥‥‥ 小さじ2
★植物油‥‥‥‥‥‥‥‥‥‥‥ 小さじ1

★1200・1400kcalを選択する場合
木綿豆腐の使用量を⅓丁（100g）に、植物油を小さじ½にします。

1600・1800kcalを選択する場合
180kcal　塩分2.1g　糖質4.6g

1200・1400kcalを選択する場合
120kcal　塩分2.1g　糖質4.2g

豆腐ステーキ2

にんにくの香りを移した油でこんがり焼く

1600・1800kcalを選択する場合	1200・1400kcalを選択する場合
180kcal 塩分**1.0**g 糖質**4.3**g	**120**kcal 塩分**0.9**g 糖質**3.8**g

材料（1人分）

1600・1800kcalを選択する場合

- ★木綿豆腐 ………………… ½丁（150g）
- ★むきえび ………………… 50g
- グリンピース（生）………… 大さじ1
- A
  - スープ …………………… ¼カップ
  - しょうゆ ………………… 小さじ½
  - みりん …………………… 小さじ½
  - 日本酒 …………………… 小さじ1
- B
  - かたくり粉 ……………… 小さじ¼
  - 水 ………………………… 小さじ¼

※スープは、鶏がらスープの素（顆粒）少々を湯¼カップでといたもの。

★1200・1400kcalを選択する場合
木綿豆腐の使用量を⅓丁（100g）に、むきえびを30gにします。

作り方

1 豆腐は縦半分に切ってから、1cm幅に切る。

2 むきえびは背わたを竹串でとり、あらく刻む。

3 グリンピースは、鍋に沸かした熱湯でさっと強火でゆでておく。

4 鍋に**A**を入れて煮立て、**2**を強火で煮る。えびの色が変わったら**1**を加え、弱火で3〜4分煮て、まぜ合わせた**B**を回し入れてとろみをつけ、火を止める。

5 **4**を器に盛り、**3**を散らす。

アドバイス グリンピースは冷凍や缶詰を使ってもかまいません。その場合も、さっと熱湯でゆでてから使うようにします。

豆腐のあんかけ料理 ②

えびのうまみを十分に生かして

材料（1人分）
1600・1800kcalを選択する場合

		1600・1800kcal を選択する場合
★絹ごし豆腐	½丁（150g）	**180**kcal
★むきえび	50g	塩分1.6g
ブロッコリー	50g	糖質7.0g

A	日本酒	小さじ½
	しょうが汁	少々
B	えびのゆで汁	½カップ
	コンソメスープの素（顆粒）‥	小さじ½
	日本酒	小さじ2
	塩	少々
	砂糖	小さじ⅓
ごま油		小さじ¼
C	かたくり粉	小さじ1
	水	小さじ2

1200・1400kcal を選択する場合
140kcal
塩分1.5g
糖質6.4g

➡ ★1200・1400kcalを選択する場合
　絹ごし豆腐の使用量を⅓丁（100g）
　に、むきえびを30gにします。

作り方
豆腐は　1〜2cm厚さの正方形に切る。
むきえびは　背わたを竹串でとり、背側から厚みを半分
　に切る。Aをからめて10分ほどおいたあと、鍋に沸か
　した熱湯で色が変わるまで強火でゆでる。ゆで汁は½
　カップ分をとっておき、Bで使う。
ブロッコリーは　小房に分け、鍋に沸かした熱湯でほど
　よいかたさに強火でゆでる。
煮る　鍋にBを入れて煮立て、豆腐を入れて強火で煮る。
　煮立ったらむきえびを加えて一煮し、ごま油を加え、ま
　ぜ合わせたCを回し入れてとろみをつけ、火を止める。
盛りつける　皿に豆腐を並べ、上からえびあんをかけ、ブ
　ロッコリーを彩りよくあしらう。

豆腐のあんかけ料理 ③

かに、ねぎ、枝豆のあんで豆腐を味わう

材料（1人分）
1600・1800kcalを選択する場合

		1600・1800kcal を選択する場合
★木綿豆腐	⅓丁（100g）	**190**kcal
★かに（缶詰）	50g	塩分1.9g
長ねぎ（みじん切り）	⅓本分（20g）	糖質5.1g
枝豆（ゆでてさやから出したもの）		
	30粒（15g）	

		1200・1400kcal を選択する場合
A	スープ	⅓カップ	**140**kcal
	しょうゆ	小さじ½	塩分1.5g
	日本酒	大さじ½	糖質4.9g
	塩、こしょう	各少々	
B	かたくり粉	小さじ1	
	水	大さじ1	
★ごま油		小さじ1	

※スープは、鶏がらスープの素（顆粒）少々を湯⅓
カップでといたもの。

➡ ★1200・1400kcalを選択する場合
　木綿豆腐の使用量を約¼丁（80g）
　に、かに（缶詰）を30gに、ごま油を小
　さじ½にします。

作り方
豆腐は　キッチンペーパーに包んで耐熱皿にのせ、電
　子レンジで30秒ほど加熱して軽く水分を抜く。こ
　れを6つくらいの角切りにする。
かには　軟骨をとって身をあらくほぐす。
炒め煮にする　鍋にごま油を入れて熱し、かにと長ね
　ぎを入れて中火で炒める。全体に油が回ったらAを
　加えて煮立て、豆腐と枝豆を加えて弱火で2〜3分
　煮る。まぜ合わせたBを回し入れてとろみをつけ、
　火を止める。

豆腐の野菜あんかけ 1

野菜にひき肉を加えたあんでおいしさアップ

1600・1800kcalを選択する場合	1200・1400kcalを選択する場合
180kcal 塩分1.4g 糖質10.6g	**150**kcal 塩分1.4g 糖質10.4g

材料（1人分）

1600・1800kcalを選択する場合

★木綿豆腐	⅓丁（100g）
★鶏ひき肉	20g
干ししいたけ	½個
玉ねぎ	¼個（45g）
にんじん	1cm（10g）
三つ葉	少々
A ┌ だし汁	80㎖
│ しょうゆ	大さじ½
│ 日本酒	小さじ1
└ 砂糖	小さじ1
B ┌ かたくり粉	小さじ1
└ 水	大さじ2
植物油	小さじ½

★1200・1400kcalを選択する場合
木綿豆腐の使用量を80gに、鶏ひき肉を10gにします。

作り方

1 干ししいたけはもどし、玉ねぎ、にんじんとともに小さな角切りにする。三つ葉は1〜2cm長さに切る。

2 フライパンに植物油を入れて熱し、鶏ひき肉を木べらでまぜながら強火でポロポロになるまで炒めておく。

3 鍋にAを入れて強火にかけ、煮立ったら三つ葉以外の1と2を入れて中火で煮る。野菜がしんなりしたら、三つ葉を飾り用に少し残して加え、まぜ合わせたBを回し入れてとろみをつける。

4 木綿豆腐は1〜2cm厚さの正方形に切り、鍋に沸かした熱湯に入れて一煮立ちするまで強火で温める。これを器に盛って3の野菜あんをかけ、残しておいた三つ葉を飾る。

豆腐の野菜あんかけ ③

4種類のきのこを使った口当たりのよさとうまみが魅力

材料（1人分）

1600・1800kcalを選択する場合

★絹ごし豆腐	½丁（150g）	
生しいたけ	½個	
しめじ	⅕パック（20g）	
まいたけ	⅓パック（30g）	
えのきだけ	⅓袋（30g）	
A	だし汁	⅓カップ
	しょうゆ	小さじ1
	日本酒	大さじ1
	みりん	小さじ1
	塩	小さじ⅙
B	かたくり粉	小さじ1
	水	大さじ1

1600・1800kcal を選択する場合
150kcal
塩分2.0g
糖質6.9g

1200・1400kcal を選択する場合
120kcal
塩分2.0g
糖質6.5g

★1200・1400kcalを選択する場合
絹ごし豆腐の使用量を⅓丁（100g）
にします。

作り方

きのこは　生しいたけは軸を切り落として薄切りにし、しめじは根元を切り落とし、まいたけとともに小分けにする。えのきだけは根元を切り落とし、3㎝長さに切る。

煮る　鍋にAを入れ強火にかけ、煮立ったらきのこを入れて中火で2〜3分煮る。ここに、まぜ合わせたBを回し入れてとろみをつけ、火を止める。

豆腐は　鍋に沸かした熱湯で2〜3分中火でゆで、ざるに上げる。

盛りつける　豆腐を大きめにくずして器に盛り、上からきのこあんをかける。

豆腐の野菜あんかけ ②

せん切り野菜のたっぷりあんで豆腐を楽しむ

材料（1人分）

1600・1800kcalを選択する場合

★絹ごし豆腐	⅔丁（200g）	
絹さや	4枚	
長ねぎ	⅓本（20g）	
にんじん	1㎝（10g）	
生しいたけ	1個	
A	だし汁	½カップ
	しょうゆ	小さじ2
	みりん	小さじ1½
B	かたくり粉	小さじ½
	水	大さじ1

1600・1800kcal を選択する場合
170kcal
塩分1.8g
糖質7.8g

1200・1400kcal を選択する場合
140kcal
塩分1.8g
糖質7.4g

★1200・1400kcalを選択する場合
絹ごし豆腐の使用量を½丁（150g）
にします。

作り方

野菜類は　絹さやは筋をとり、長ねぎとともに細い斜め切りにする。にんじんは細めのせん切りにする。生しいたけは軸を切り落として笠を半分に切り、端から薄く切る。

煮る　鍋にAを入れて強火で煮立て、野菜を中火で煮る。にんじんがしんなりしたら、まぜ合わせたBを回し入れてとろみをつけ、火を止める。

豆腐は　鍋に沸かした熱湯で軽くゆでて温める。

盛りつける　器に水けをきった豆腐を盛り、熱々の野菜あんをかける。

小さく切った具をのせ、ごま油風味のたれで **中華風冷ややっこ**

1600・1800kcalを選択する場合	1200・1400kcalを選択する場合
160kcal 塩分1.4g 糖質2.3g	**120**kcal 塩分1.4g 糖質1.9g

作り方

1 焼き豚は小さな角切りにし、万能ねぎは小口切りにする。

2 小さなボウルに**A**を入れてよくまぜ、たれを作る。

3 豆腐を器に盛って、まぜ合わせた**1**をのせる。これに**2**をかけ、おろししょうがをのせる。

アドバイス 口当たりのやわらかさからいえば、絹ごし豆腐のほうが木綿豆腐にまさります。ただし、水分を多く含んでいる分、栄養価は木綿豆腐より落ちます。焼き豚は脂身の少ないものを選びましょう。また、焼き豚のかわりに同量のロースハムを使ってもかまいません。

参考メモ 中華風の風味を出すために、たれにはごま油を使います。家庭でよく使う植物油には、ほかにサラダ油、紅花油、コーン油、オリーブ油などがあって、それぞれ風味が異なりますが、エネルギーはどれも同じです。

材料（1人分）
　　　1600・1800kcalを選択する場合
★木綿豆腐……………………… ½丁(150g)
　焼き豚………………………… 1枚(20g)
　万能ねぎ………………………… ½本
　　┌ 酢 ……………………小さじ½
　A │ しょうゆ …………………小さじ1
　　└ ごま油 …………………小さじ¼
　おろししょうが ………………… 少々
★1200・1400kcalを選択する場合
　木綿豆腐の使用量を⅓丁(100g)にします。

豆腐サラダ

粒コーンを散らして味と彩りに変化をつけた

作り方

1　豆腐は1.5cm角に切り、ボウルに重ねたざるにのせて冷蔵庫に入れ、自然に水きりしながら冷やす。かにかまぼこは長さを半分に切り、手で縦に細く裂く。

2　きゅうりは薄い小口切りにし、わかめは食べやすい長さに切る。

3　グリーンアスパラガスは鍋に沸かした熱湯でしんなりするまで強火でゆで、斜めに3つくらいに切る。

4　小さなボウルにAを入れてよくまぜ、ドレッシングを作る。

5　別のボウルに1〜3、缶汁をきった粒コーンを入れてさっくりと合わせ、器に盛って、4を回しかける。

材料（1人分）

1600・1800kcalを選択する場合

- ★木綿豆腐……………………… ½丁(150g)
  - かにかまぼこ…………………… 1本
  - きゅうり…………………… ⅓本(30g)
  - グリーンアスパラガス…………… 2本
  - コーン(ホール・缶詰)……… 大さじ1
  - わかめ(もどしたもの)…………… 10g
- A
  - 酢 …………………… 小さじ2
  - しょうゆ………………… 小さじ2
  - こしょう………………… 少々
  - ★植物油 ………………… 小さじ⅔
  - ごま油………………… 小さじ⅓

★1200・1400kcalを選択する場合
木綿豆腐の使用量を⅓丁(100g)に、植物油を小さじ⅓にします。

ここに注目　わかめに含まれる食物繊維が、食後の血糖値の急上昇を抑えるのに役だってくれます。

1600・1800kcalを選択する場合	1200・1400kcalを選択する場合
190kcal 塩分2.1g 糖質5.8g	140kcal 塩分2.1g 糖質5.4g

湯豆腐 1

春菊、長ねぎ、しいたけを組み合わせて

1600・1800kcalを選択する場合	1200・1400kcalを選択する場合
160kcal 塩分**1.9**g 糖質**4.3**g	**130**kcal 塩分**1.9**g 糖質**3.9**g

材料（1人分）

1600・1800kcalを選択する場合

- ★絹ごし豆腐 ……………… ⅔丁（200g）
- 春菊 ………………………… 2本（40g）
- 長ねぎ ……………………… ½本（30g）
- 生しいたけ ………………………… 1個
- 昆布 …………………………………… 5cm
- A
  - だし汁 …………………… 大さじ½
  - しょうゆ ………………… 小さじ2
  - みりん …………………… 小さじ½
- 削りがつお …………………………… 少々

→ ★1200・1400kcalを選択する場合
絹ごし豆腐の使用量を½丁（150g）
にします。

作り方

1 小鍋にAを入れて強火にかけ、一煮立ちさせて火を止め、つけだれを作る。これを取り鉢に入れる。

2 春菊は根元を切り落として長さを半分に切り、長ねぎは斜めに切る。生しいたけは軸を切り落とし、笠の中心部に包丁で3本の切り目を入れて飾り切りを施す。豆腐は大きめの角切りにする。

3 土鍋に水2カップと、ぬれぶきんで表面の汚れをふきとった昆布、豆腐を入れて強火にかけ、煮立ったら野菜を加えて一煮する。温まった豆腐や火の通った野菜をすくって、削りがつおを薬味にした1につけて食べる。

138

1600・1800kcalを選択する場合	1200・1400kcalを選択する場合
180kcal　塩分1.3g　糖質3.0g	**140**kcal　塩分1.3g　糖質2.6g

作り方

野菜類は　春菊は葉の部分をつみ、長ねぎは薄い斜め切りにする。生しいたけは軸を切り落として斜め半分に切る。

豆腐は　大きめの角切りにする。

生だらは　一口大に切る。

たれを作る　Aを合わせてまぜ、取り鉢に入れる。

火にかける　土鍋に水1½カップと、ぬれぶきんで表面の汚れをふきとった昆布を入れて強火にかけ、煮立ったらたらと豆腐を入れる。再び煮立ったら野菜を加えて一煮する。温まった豆腐や火の通った野菜をすくって、たれにつけて食べる。

材料(1人分)

1600・1800kcalを選択する場合

★木綿豆腐	½丁(150g)
生だら(切り身)	50g
春菊	2本(40g)
長ねぎ	⅓本(20g)
生しいたけ	1個
昆布	5cm
A ┌ しょうゆ	小さじ1
│ 酢	大さじ1
└ すだちのしぼり汁	小さじ½

★1200・1400kcalを選択する場合

木綿豆腐の使用量を⅓丁(100g)にします。

白菜、ピーマンと炒め、オイスターソースの味つけで

1600・1800kcalを選択する場合	1200・1400kcalを選択する場合
190kcal 塩分1.4g 糖質6.5g	**140**kcal 塩分1.4g 糖質6.3g

材料（1人分）

1600・1800kcalを選択する場合

- ★厚揚げ‥‥‥‥‥‥‥‥‥‥‥ 70g
- 白菜‥‥‥‥‥‥‥ 1枚（100g）
- ピーマン‥‥‥‥‥ ½個（20g）

A
- 長ねぎ（みじん切り）
  ‥‥‥‥‥‥ 大さじ1
- にんにく（みじん切り）
  ‥‥‥‥‥‥ 小さじ1
- しょうが（みじん切り）
  ‥‥‥‥‥‥ 小さじ1

B
- 日本酒‥‥‥‥ 小さじ2
- オイスターソース
  ‥‥‥‥‥‥ 小さじ2

- ★ごま油‥‥‥‥‥‥ 小さじ1

→ ★1200・1400kcalを選択する場合
厚揚げの使用量を50gに、ごま
油を小さじ½にします。

作り方

1 白菜は一口大のそぎ切りにし、茎と葉の部分に分けておく。ピーマンはヘタと種をとり除いて乱切りにする。

2 厚揚げはざるにのせ、熱湯を回しかけて油抜きをする。これを縦半分に切り、さらに7〜8mm厚さに切る。

3 フライパンにごま油を入れて熱し、**A**を弱火で炒め、香りが出てきたら**1**の白菜の茎とピーマンをさっと炒め合わせる。白菜の茎がやしんなりしたところで白菜の葉と**2**を加えて強火で手早く炒め合わせる。

4 **3**にまぜ合わせた**B**を加えて全体にからめ、火を止める。

厚揚げの炒め物 3

干ししいたけ、キャベツ、にらなどと炒め合わせ、みそ味で

材料（1人分）

1600・1800kcalを選択する場合

		1600・1800kcal を選択する場合 **170**kcal 塩分1.1g 糖質5.4g
★厚揚げ	60g	
干ししいたけ	½個	
キャベツ	1枚（60g）	
にんじん	1cm（10g）	
にら	⅟₁₀束（10g）	
A ┌ しょうが（みじん切り）	少々	
└ 赤とうがらし（小口切り）	少々	1200・1400kcal を選択する場合 **120**kcal 塩分1.1g 糖質5.1g
B ┌ みそ	小さじ1	
│ しょうゆ	小さじ½	
└ みりん	小さじ½	
★ごま油	小さじ1	

★1200・1400kcalを選択する場合

厚揚げの使用量を40gに、ごま油を
小さじ½にします。

作り方

野菜類は　干ししいたけはもどし、軸を切り落として
薄切りにする。キャベツは2〜3cm角に、にんじん
は2〜3mm厚さのいちょう切りにする。にらは2〜
3cm長さに切る。

厚揚げは　右ページの作り方2と同様にして油抜きを
し、縦半分に切ってから5mm厚さに切る。

炒める　フライパンにごま油とAを入れて弱火で炒め
る。香りが出てきたら厚揚げと野菜類を入れて強火
で手早く炒め合わせ、野菜がしんなりしたところで、
まぜ合わせたBを加えて全体にからめ、火を止める。

厚揚げの炒め物 2

キャベツ、ピーマンと、中華甘みそでホイコーロー風に

材料（1人分）

1600・1800kcalを選択する場合

		1600・1800kcal を選択する場合 **180**kcal 塩分1.5g 糖質8.0g
★厚揚げ	60g	
キャベツ	½枚（30g）	
ピーマン	½個（20g）	
長ねぎ	½本（30g）	
にんにく（みじん切り）	小さじ½	
しょうが（みじん切り）	小さじ½	
A ┌ みそ	小さじ1	1200・1400kcal を選択する場合 **140**kcal 塩分1.5g 糖質7.7g
│ 日本酒	小さじ1	
│ 砂糖	小さじ½	
│ 甜麺醤（テンメンジャン）	小さじ1	
└ 豆板醤（トウバンジャン）	小さじ⅓	
★植物油	小さじ1	

★1200・1400kcalを選択する場合

厚揚げの使用量を40gに、植物油を
小さじ½にします。

作り方

野菜は　キャベツはざく切りにし、ピーマンは2cm角
に切る。長ねぎは1cm幅に切る。

厚揚げは　右ページの作り方2と同様にして油抜きを
し、縦半分に切ってから5mm厚さに切る。

炒める　フライパンに植物油とにんにく、しょうがを
入れて弱火で炒め、香りが出てきたら厚揚げと野菜
を入れて強火でよく炒め合わせる。野菜がしんなり
したらよくまぜ合わせたAを加え、手早く全体にか
らめて、火を止める。

がんもどき・厚揚げの煮物 **1**

手軽さがうれしい
「がんもどきと青菜の煮物」

1600・1800kcalを選択する場合	1200・1400kcalを選択する場合
180kcal 塩分1.7g 糖質4.5g	**150**kcal 塩分1.6g 糖質4.2g

材料(1人分)

1600・1800kcalを選択する場合

- ★がんもどき ……………… 小2個(60g)
- 小松菜 ……………………………… 100g

A
- だし汁 …………………… ⅔カップ
- しょうゆ ……………… 大さじ½
- みりん ………………… 大さじ½

★1200・1400kcalを選択する場合
がんもどきの使用量を小1½個(45g)にします。

作り方

1 がんもどきは鍋に沸かした熱湯で1〜2分中火でゆでて油抜きをし、ざるに上げて、水けを軽く押ししぼり、1個を半分に切る。

2 小松菜は3cm長さのざく切りにする。

3 鍋にAを入れて煮立て、1を弱めの中火で4〜5分煮る。

4 鍋に2を加え、箸で煮汁に沈めながらしんなりするまで一煮する。

5 器にがんもどきと小松菜を盛り合わせ、煮汁をはる。

アドバイス がんもどきや厚揚げ、油揚げなど油で揚げてある材料を調理する前に、さっとゆでたり熱湯を回しかけたりして、表面についている油分をとり除くことを「油抜き」といいます。こうすると油くささが抜け、味ののりがよくなるだけでなく、余分な油を落とすのでやや低エネルギーになります。

アドバイス がんもどきは、水けをきった豆腐をつぶし、山いもなどをつなぎにしてよくすりまぜ、刻んだ野菜を加えて、油で揚げたもの。見かけより案外高エネルギーです。いろいろな大きさのものが出回っているので、きちんと計量して使いましょう。

がんもどき・厚揚げの煮物 ❷

葉もムダなく利用「がんもどきとかぶの煮物」

材料（1人分）
1600・1800kcalを選択する場合

		1600・1800kcalを選択する場合
		160kcal
		塩分2.0g
		糖質6.6g

★がんもどき……………… 小1½個（45g）
かぶ ………………………… ½個（40g）
かぶの葉 ……………………………… 30g

A｜だし汁 ………………… ½カップ
　｜日本酒 ………………… 小さじ1
　｜みりん ………………… 小さじ2
しょうゆ ………………… 小さじ2

	1200・1400kcalを選択する場合
	130kcal
	塩分2.0g
	糖質6.3g

★1200・1400kcalを選択する場合
がんもどきの使用量を小1個（30g）
にします。

作り方
かぶと葉は　かぶは半分に切る。葉は鍋に沸かした
　熱湯でさっと強火でゆでて水にとり、水けをしぼっ
　て3cm長さに切る。
がんもどきは　右ページの作り方1と同様にする。
煮る　鍋にAを入れて煮立て、そこにかぶを入れて弱
　めの中火で4〜5分煮る。かぶに火が通ったらしょ
　うゆを加え、がんもどきも加えてさらに3〜4分煮
　る。かぶの葉を加えて一煮し、火を止める。

がんもどき・厚揚げの煮物 ❸

ごま油で風味づけした「厚揚げとかぶの含め煮」

材料（1人分）
1600・1800kcalを選択する場合

		1600・1800kcalを選択する場合
		160kcal
		塩分1.5g
		糖質6.6g

★厚揚げ……………………………… 60g
かぶ ……………………………… 1個（80g）
かぶの葉 ……………………………… 20g
絹さや……………………………… 2枚
しょうが（薄切り）……………… 2枚

A｜だし汁 ………………… ¾カップ
　｜しょうゆ ………………… 小さじ1½
　｜日本酒 ………………… 小さじ1
　｜みりん ………………… 小さじ1
★ごま油…………………… 小さじ½

	1200・1400kcalを選択する場合
	130kcal
	塩分1.5g
	糖質6.5g

★1200・1400kcalを選択する場合
厚揚げの使用量を50gに、ごま油を
小さじ¼にします。

作り方
かぶは　3〜4cmほど茎をつけたまま、1個を6〜8等分に切
　る。
かぶの葉と絹さやは　かぶの葉は鍋に沸かした熱湯でさっと
　強火でゆでて水にとり、水けをしぼって3cm長さに切る。絹
　さやは筋をとってかぶの葉と同様にゆで、斜め半分に切る。
厚揚げは　ざるにのせ、熱湯を回しかけて油抜きをし、縦半分
　に切ってから1cm幅に切る。
煮る　鍋にAとしょうがを入れて煮立て、厚揚げとかぶを弱め
　の中火で煮る。かぶがやわらかくなったらかぶの葉を加え
　て一煮し、最後にごま油を回し入れて火を止める。
盛りつける　器に盛りつけ、絹さやを彩りよくつけ合わせる。

うまみのきいた煮汁をたっぷり含ませた野菜との炊き合わせ

材料（1人分）

1600・1800kcal を選択する場合

★高野豆腐	1個（16g）
干ししいたけ	1個
にんじん	3㎝（30g）
ゆでたけのこ	50g
絹さや	7枚
だし汁	⅔カップ
みりん	大さじ½
しょうゆ	大さじ½
塩	少々

★1200・1400kcal を選択する場合
高野豆腐の使用量を¾個（12g）にします。

1600・1800kcalを選択する場合
150kcal　塩分1.8g　糖質6.6g

1200・1400kcalを選択する場合
130kcal　塩分1.7g　糖質6.6g

参考メモ　高野豆腐はもどすと重量が4〜4.5倍にふえます。良質のタンパク質と食物繊維や鉄が含まれている食品です。

作り方

1　高野豆腐はふっくらともどし、水けをしぼって一口大に切る。

2　干ししいたけはもどして軸を切り落とし、4等分に切る。にんじんは5〜6mm厚さの輪切りに。たけのこは5mm厚さの半月切りにし、穂先は縦半分に切る。絹さやは筋をとり、鍋に沸かした熱湯でさっと強火でゆでておく。

3　絹さやは筋をとり、鍋に沸かした熱湯でさっと強火でゆでておく。

4　鍋にだし汁を入れて煮立て、あいている部分に2も入れてにんじんがやわらかくなるまで中火で煮る。みりんを加えて5分ほど煮たら、しょうゆと塩を加えて10分ほど煮る。火を止め、そのまましばらくおいて味を含ませる。

5　4を器に盛り、3を彩りよくあしらう。

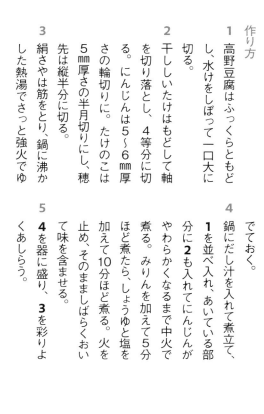

高野豆腐の煮物 2

鶏肉も加えて滋養たっぷりの煮物に

1600・1800kcalを選択する場合	1200・1400kcalを選択する場合
180kcal 塩分1.5g 糖質6.7g	**140**kcal 塩分1.3g 糖質6.7g

作り方

野菜類は　にんじんは乱切りにして、鍋に沸かした熱湯で中火でかためにゆでておく。玉ねぎはくし形に切る。生しいたけは軸を切り落とし、笠に浅く星形に3本の切り込みを入れる。さやいんげんは筋をとり、鍋に沸かした熱湯でさっと強火でゆでて長さを半分に切る。

高野豆腐は　ふっくらともどし、水けをしぼって半分に切る。

鶏肉は　一口大に切る。

煮る　鍋にだし汁を入れて煮立て、高野豆腐と鶏肉、さやいんげん以外の野菜を入れて強火で煮る。再び煮立ったら、落としぶたをして弱火で15分煮る。Aを加え、煮汁が少なくなるまでさらに弱火で煮含める。

盛りつける　器に盛りつけ、さやいんげんを添える。

材料(1人分)
1600・1800kcalを選択する場合

- ★高野豆腐 ····················· 1個(16g)
- ★鶏もも肉(皮つき) ················ 30g
- 生しいたけ ···················· 1個
- にんじん ··················· 2cm(20g)
- 玉ねぎ ···················· ¼個(45g)
- さやいんげん ···················· 2本
- だし汁 ···················· ½カップ

A
- しょうゆ ··············· 小さじ1
- 日本酒 ··············· 小さじ½
- 砂糖 ··············· 小さじ½
- 塩 ···················· 少々

★1200・1400kcalを選択する場合
高野豆腐の使用量を¾個(12g)に、鶏もも肉(皮つき)を20gにします。

高野豆腐と玉ねぎを卵でふんわりととじる

1600・1800kcalを選択する場合	1200・1400kcalを選択する場合
160kcal 塩分1.6g 糖質4.5g	**140**kcal 塩分1.6g 糖質4.5g

材料（1人分）

1600・1800kcalを選択する場合

- ★高野豆腐‥‥‥‥‥‥‥ ¾個（12g）
- 卵（Mサイズ）‥‥‥‥‥ 1個（50g）
- 玉ねぎ‥‥‥‥‥‥‥‥ ⅙個（30g）
- さやいんげん‥‥‥‥‥‥‥‥ ½本
- A
  - だし汁‥‥‥‥‥‥‥ ½カップ
  - しょうゆ‥‥‥‥‥ 小さじ1⅓
  - みりん‥‥‥‥‥‥‥ 小さじ1

★1200・1400kcalを選択する場合
高野豆腐の使用量を½個（8g）にします。

作り方

1 高野豆腐はふっくらともどし、水けをしぼって5mm厚さの色紙切りにする。

2 玉ねぎは薄切りにする。

3 さやいんげんは筋をとり、鍋に沸かした熱湯で強火でやわらかくゆで、小口切りにする。

4 卵は小さなボウルに入れてときほぐしておく。

5 平鍋にAを入れて煮立て、2を入れて弱火で煮、やわらかくなったら1も加えて、さらに2〜3分煮る。

6 5の火かげんを強火にし、4のとき卵を回し入れて半熟状になったら火を止める。

7 6を器に盛り、3をのせる。

146

高野豆腐・油揚げの卵とじ 2

高野豆腐、鶏ひき肉、きくらげを半熟状にとじる

材料（1人分）
1600・1800kcalを選択する場合

★高野豆腐 …………………… ½個(8g)
★鶏ひき肉 …………………… 20g
卵(Mサイズ) ………………… 1個(50g)
きくらげ(乾燥) ………………… 2枚
グリンピース(冷凍)……… 大さじ1
　┌ だし汁 ……………… ⅓カップ
　│ しょうゆ …………… 小さじ½
A │ 日本酒 ……………… 大さじ½
　│ みりん ……………… 小さじ1
　└ 塩 …………………………… 少々

1600・1800kcal を選択する場合
180kcal
塩分1.6g
糖質3.5g

1200・1400kcal を選択する場合
150kcal
塩分1.5g
糖質3.5g

★1200・1400kcalを選択する場合
高野豆腐の使用量を¼個(4g)に、鶏ひき肉を10gにします。

作り方
きくらげは　水につけてもどし、石づきを切り落としてざく切りにする。
グリンピースは　鍋に沸かした熱湯にさっとくぐらせる。
高野豆腐は　ふっくらともどし、水けをしぼって5mm厚さの短冊切りにする。
卵は　小さなボウルに入れてときほぐしておく。
煮る　鍋にAを入れ強火にかけ、煮立ったら鶏ひき肉と高野豆腐、きくらげを入れて3〜4分弱火で煮る。グリンピースを加えて強火で一煮し、とき卵を回し入れて半熟状になったら火を止める。

高野豆腐・油揚げの卵とじ 3

油揚げと三つ葉のシンプルな卵とじ

材料（1人分）
1600・1800kcalを選択する場合

★油揚げ ……………………… 1枚(20g)
卵(Mサイズ) ………………… 1個(50g)
三つ葉 ………………………… 20g
　┌ だし汁 ……………… ¼カップ
　│ 薄口しょうゆ……… 小さじ1
A │ 日本酒 ……………… 大さじ½
　└ 塩 …………………………… 少々

1600・1800kcal を選択する場合
160kcal
塩分1.6g
糖質1.0g

1200・1400kcal を選択する場合
120kcal
塩分1.6g
糖質1.0g

★1200・1400kcalを選択する場合
油揚げの使用量を½枚(10g)にします。

作り方
三つ葉は　ざく切りにする。
油揚げは　ざるにのせ、熱湯を回しかけて油抜きをし、縦半分に切ってから1cm幅に切る。
卵は　小さなボウルに入れてときほぐしておく。
煮る　鍋にAを入れて強火にかけ、煮立ったら油揚げを入れて煮汁が半量になるまで弱火で煮る。三つ葉を加えて強火で一煮し、とき卵を回し入れて半熟状になったら火を止める。

焼いた油揚げとしょうがじょうゆが香ばしい

| 1600・1800kcalを選択する場合 |
| **180**kcal 塩分0.9g 糖質4.1g |

油揚げとキャベツのしょうが炒め

| 1200・1400kcalを選択する場合 |
| **120**kcal 塩分0.9g 糖質4.0g |

作り方

1 キャベツはざく切りにする。

2 油揚げは1cm幅の短冊切りにする。

3 フライパンに植物油を入れて熱し、**2**を両面とも中火でこんがりと焼く。油揚げに焼き色がついたら、**1**を加えて強火で炒め合わせる。

4 **3**に、よくまぜ合わせた**A**を加えて全体にからめ、火を止める。

5 **4**を皿に盛り、その上に焼きのりを手でちぎって散らす。

材料(1人分)

1600・1800kcalを選択する場合

- ★油揚げ‥‥‥‥‥‥‥‥‥ 1 ½枚(30g)
- キャベツ‥‥‥‥‥‥‥‥‥‥ 1枚(60g)
- A
  - しょうゆ‥‥‥‥‥‥‥‥小さじ1
  - 日本酒‥‥‥‥‥‥‥‥‥小さじ1
  - 砂糖‥‥‥‥‥‥‥‥‥‥小さじ½
  - おろししょうが‥‥‥‥小さじ½
- ★植物油‥‥‥‥‥‥‥‥‥‥小さじ1
- 焼きのり‥‥‥‥‥‥‥‥‥‥‥少々

➤ ★1200・1400kcalを選択する場合

油揚げの使用量を1枚(20g)に、植物油を小さじ½にします。

ビタミンや食物繊維たっぷりの
野菜中心のおかず

副 菜

この「副菜」(150〜190ページ)の
中から1品選びます。

本書では、主食＋二菜
（主菜＋副菜）を1食分の
献立の基本にしています。
この仕組みに従って好み
の料理を選び、組み合わ
せていきます。主菜を選ん
だあと、この「副菜」の中か
ら1品選びましょう。

1食分はこのように選びます

副 菜

主 菜
好みのものを1品
選びます（36〜
148ページ）

もう一品
必要に応じて1品
追加します（192〜
217ページ）

主食
（24〜25ページ
参照）

汁 物
低エネルギーなも
のを1日1杯まで
（29ページ参照）

※このように組み合わせた
献立を1日3食とるよう
にするほか、決められた量
の牛乳・乳製品をとるよう
にします(26ページ参照)。

■材料の分量表示はすべて1人分です。
■記載のエネルギー量、塩分量、糖質量は、いずれも1人分あた
りの目安です。エネルギー量は、一の位を四捨五入して10kcal
刻みで示してあります。塩分量は、材料に含まれる食塩量（食
塩相当量）のことです。糖質量は「利用可能炭水化物(質量計)」
の数値を使用し、この数値の記載がない場合は「差引法によ
る炭水化物」の数値を使用しています。

●材料の分量は、特に指定がない限り、原則とし
て正味量（野菜ならヘタや皮などを除いた、純
粋に食べられる量）で表示してあります。
●材料は、特に指定がない限り、原則として水洗
いをすませ、野菜などは皮をむくなどの下ご
しらえをしたものを使います。
●家族の分もまとめて作る場合は、材料の分量
を人数分だけ掛け算してふやしてください。
ただ、そうすると味が濃くなりがちなので、調
味料は少なめにすることをおすすめします。

五目おから
昔ながらの定番そうざい

材料（1人分）

おから	・・・・・・・・・・・・・・・・・・・	30g
干ししいたけ	・・・・・・・・・・・・・・	½個
にんじん	・・・・・・・・・・・・・	1cm（10g）
ごぼう	・・・・・・・・・・・・・・・・・・	15g
さやいんげん	・・・・・・・・・・・・	1本

A	だし汁	・・・・・・・・・・・	¼カップ
	砂糖	・・・・・・・・・・・・	小さじ1
	日本酒	・・・・・・・・・・・	小さじ1
	しょうゆ	・・・・・・・・・	小さじ1
	塩	・・・・・・・・・・・・・・・	少々

植物油・・・・・・・・・・・・・・・ 小さじ½

90kcal
塩分1.2g
糖質4.8g

作り方

1　干ししいたけはもどし、軸を切り落として薄切り
　　にする。にんじんは薄い短冊切りにする。

2　ごぼうはささがきにし、水に5分ほどつけてアク
　　を抜き、水けをきる。

3　さやいんげんは筋をとって鍋に沸かした熱湯で
　　しんなりするまで強火でゆで、水にとって冷ます。
　　水けをきって、小口切りにする。

4　鍋に植物油を熱し、1と2を強火で炒め合わせ、
　　野菜がややしんなりしたらおからを加えて炒め
　　合わせる。全体に油がなじんだら、Aを加え、焦
　　げないようにまぜながら、汁けがなくなるまで弱
　　めの中火でいりつける。

5　4を器に盛り、3を散らす。

おからのいり煮　ごぼうとにんじんだけでシンプルに

70kcal
塩分0.8g
糖質3.3g

材料（1人分）

おから	・・・・・・・・・・・・・・・・・・・・	30g
ごぼう	・・・・・・・・・・・・・・・・・・・・	10g
にんじん	・・・・・・・・・・・・・	1cm（10g）
絹さや	・・・・・・・・・・・・・・・・・・	2枚

A	だし汁	・・・・・・・・・・・	½カップ
	砂糖	・・・・・・・・・・・・	小さじ⅔
	塩	・・・・・・・・・・・・・・・	少々
	しょうゆ	・・・・・・・・・	小さじ½

植物油・・・・・・・・・・・・・・・・・ 小さじ½

作り方

野菜は　ごぼうは上段の「五目おから」の作り方2と同様
　　　　にし、にんじんはせん切りにする。絹さやは筋をとっ
　　　　て鍋に沸かした熱湯でさっとゆで、斜め半分に切る。

炒める　上段の作り方4と同様に植物油でごぼうとに
　　　　んじんを炒め、おからを加えて炒め合わせる。Aを
　　　　加え、汁けがなくなるまで弱めの中火でいりつける。

盛りつける　器に盛り、絹さやを添える。

キャベツと油揚げのいり煮
油揚げのコクで味わう手軽な煮物

80kcal
塩分0.9g
糖質6.5g

材料(1人分)

キャベツ	1½枚(90g)
絹さや	2枚
油揚げ	¼枚(5g)
A ┌ だし汁	⅓カップ
│ しょうゆ	小さじ⅔
│ 日本酒	小さじ⅔
│ みりん	小さじ⅔
│ 砂糖	小さじ½
└ 塩	少々
植物油	小さじ½

作り方

1 キャベツはざく切りにする。
2 油揚げは熱湯を回しかけて油抜きをし、1cm幅に切る。
3 絹さやは筋をとって、鍋に沸かした熱湯でさっと強火でゆで、水けをきってせん切りにする。
4 鍋に植物油を入れて熱し、**1**と**2**を強火で炒める。全体に油が回ったら**A**を加え、弱めの中火で2〜3分煮る。
5 **4**を汁ごと器に盛り、**3**を散らす。

ぜんまいと油揚げの炒め煮　油揚げでコクをつけた昔ながらの家庭そうざい

材料(1人分)

ぜんまい(水煮)	60g
しらたき	30g
油揚げ	¼枚(5g)
A ┌ だし汁	¼カップ
│ しょうゆ	小さじ1
│ 日本酒	小さじ1
└ 砂糖	小さじ½
ごま油	小さじ½

70kcal
塩分1.0g
糖質2.4g

作り方

ぜんまい・しらたきは　4cm長さに切り、鍋に沸かした熱湯で2〜3分(しらたきは1分)強火でゆでてざるに上げる。

油揚げは　上段の「キャベツと油揚げのいり煮」の作り方2と同様にして油抜きをし、細切りにする。

炒める　鍋にごま油を入れて熱し、ぜんまい、しらたき、油揚げを中火で炒め、油が全体にな

じんだら**A**を加える。煮立ったら弱火にし、汁けがほぼなくなるまで煮る。

大根とあさりの煮物
あさりのうまみで大根をおいしく

材料（1人分）

大根	3㎝(100g)
大根の葉	5g
しょうが(せん切り)	薄切り3枚分
あさり(むき身)	80g

A
- だし汁 ………… ¼カップ
- しょうゆ ………… 小さじ½
- 日本酒 ………… 小さじ1
- みりん ………… 小さじ1

60kcal
塩分2.3g
糖質5.3g

作り方

1 大根は3㎝長さの短冊状に切る。
2 大根の葉は鍋に沸かした熱湯でしんなりするまで強火でゆでて小口切りにする。
3 あさりはざるに入れて塩少々(分量外)を加えた水で洗い、水けをきっておく。
4 鍋にAを入れて煮立て、しょうがのせん切りと3を入れて強火で煮る。あさりの色が変わったら火を止め、あさりをとり出す。
5 4の鍋に1を入れ、大根がかぶるくらいの水を足して強火にかけ、煮立ったら火を弱め

てアクをとりながら5〜6分煮る。

6 5にあさりを戻して軽く火を通し、器に盛って2を散らす。

大根とほたて貝柱の煮物
あさりのかわりにほたて貝柱を使って

80kcal
塩分1.0g
糖質5.6g

材料（1人分）

大根	3㎝(100g)
しょうが(せん切り)	薄切り3枚分
万能ねぎ	1本
ほたて貝柱(水煮缶詰)	1缶(45g)
だし汁	½カップ

A
- しょうゆ ………… 小さじ½
- みりん ………… 小さじ1

作り方

大根は 一口大の乱切りにする。

ほたて貝柱は ほぐして缶汁といっしょにしておく。

煮る 鍋にだし汁と大根を入れて強火にかけ、煮立ったら弱火にして大根がやわらかくなるまで煮る。ほたて貝柱としょうがを加えて強火で一煮し、Aを入れて味つけし、火を止める。

盛りつける 器に盛り、斜め切りにした万能ねぎをのせる。

アドバイス 大根のかわりに同量のかぶを使ってもかまいません。ほたて貝柱の缶汁を加えるのは、ほたての風味を強くするためで、加える分量は、およそ大さじ2〜4が適量です。

大根といかの煮物　相性抜群のいかを組み合わせて

60kcal　塩分1.2g　糖質5.7g

材料（1人分）

大根………… 1.5cm（50g）
にんじん……… 1cm（10g）
絹さや……………………… 3枚
いか（胴）………………… 30g
だし汁…………… ⅓カップ
A ┌ 砂糖……… 小さじ1
　├ 日本酒……… 小さじ1
　└ しょうゆ…… 小さじ1

作り方

野菜は　大根とにんじんは一口大の乱切りにする。絹さやは筋をとって熱湯でさっとゆで、斜め半分に切る。

いかは　皮をむき、片面に斜め格子に浅く切り目を入れ、大きめの短冊切りにする。

煮る　鍋にだし汁を入れて強火にかけ、煮立ったら大根とにんじんを中火で煮る。野菜がやわらかくなったら強火にしていかを入れ、いかの色が白く変わったらAを加えて汁けがなくなるまで弱火で煮る。

盛りつける　器に盛り、絹さやを彩りよくあしらう。

ふきとあさりの煮物　大根をふきにかえて春の香りを楽しむ

70kcal　塩分1.3g　糖質3.7g

作り方

ふきは　塩少々（分量外）をまぶしてまな板の上で数回ころがし（板ずり）てから、鍋に沸かした熱湯で1～2分強火でゆで、水につけてアクを抜く。皮と筋をむきとって水けをきり、3cm長さに切りそろえる。

煮る　鍋にAを入れて強火で煮立て、ふきとしょうが、あさりを入れて一煮し、火を止める。そのまましばらくおいて味を含ませる。

材料（1人分）

ふき …………………………80g
しょうが（せん切り）… 薄切り3枚分
あさり（水煮缶詰）…………… 40g
A ┌ だし汁 …………… ½カップ
　├ 薄口しょうゆ……… 小さじ½
　├ 塩 ………………………… 少々
　├ みりん …………… 小さじ½
　└ 日本酒 …………… 小さじ1

白菜とカキの煮物　冬においしい素材を使ったバリエーション

60kcal　塩分1.5g　糖質4.5g

材料（1人分）

白菜……………… 1枚（100g）
万能ねぎ（小口切り）… 小さじ1
カキ（むき身）……… 3個（45g）
A ┌ だし汁…………… ¼カップ
　├ しょうゆ………… 小さじ⅔
　├ 日本酒………… 小さじ1
　├ みりん………… 小さじ⅔
　└ 塩 ………………………… 少々

作り方

白菜は　茎と葉に切り分け、茎は一口大のそぎ切りにし、葉は3～4cm幅のざく切りにする。

カキは　ざるに入れ、塩水（水2½カップに塩大さじ1を加えたもの）の中で軽く振り洗いして汚れを落とす。水けをきり、さらに水でさっと洗う。

煮る　鍋にAを入れて煮立て、白菜の茎を先に入れて強火で一煮し、次に葉を加えて4～5分弱火で煮る。カキを加えて強火にし、カキの色が変わったらすぐ火を止める。

盛りつける　器に盛り、万能ねぎを散らす。

白菜とベーコンのスープ煮
コンソメスープで煮る洋風おかず

70kcal
塩分1.4g
糖質7.3g

材料(1人分)

白菜‥‥‥‥‥‥‥‥‥ 2枚(200g)
グリンピース‥‥‥‥‥‥ 大さじ2
ベーコン‥‥‥‥‥‥‥ ½枚(10g)
A ┌水‥‥‥‥‥‥‥‥‥ ½カップ
　│コンソメスープの素(顆粒)
　└‥‥‥‥‥‥‥‥‥‥ 小さじ1
こしょう‥‥‥‥‥‥‥‥‥‥ 少々

作り方

1　白菜は茎と葉に切り分け、茎は一口大のそぎ切りにし、葉は3〜4cm幅のざく切りにする。
2　ベーコンは1.5cm幅に切る。
3　鍋にAを入れて煮立て、1の茎を先に入れて強火で一煮し、次に葉と2を加えて中火で煮る。
4　白菜がしんなりしたらグリンピースを加えて一煮し、最後にこしょうを振り入れて火を止める。

野菜とベーコンのスープ煮　スープ煮のバリエーション

| 70kcal | 塩分0.6g | 糖質5.5g |

材料(1人分)

キャベツ‥‥‥‥‥‥‥ 1枚(60g)
にんじん‥‥‥‥‥‥‥ 1cm(10g)
玉ねぎ‥‥‥‥‥‥‥‥ ⅙個(30g)
ベーコン‥‥‥‥‥‥‥ ½枚(10g)
A ┌水‥‥‥‥‥‥‥‥‥ ½カップ
　│コンソメスープの素(顆粒)
　└‥‥‥‥‥‥‥‥‥‥ 小さじ⅓
こしょう‥‥‥‥‥‥‥‥‥‥ 少々

作り方

野菜は　キャベツはざく切りにし、にんじんは薄いいちょう切りに、玉ねぎは薄切りにする。
ベーコンは　細切りにする。
煮る　鍋にAを入れて煮立て、野菜とベーコンを弱めの中火でしんなりするまで煮る。最後にこしょうを振り入れ、火を止める。

ひじきの煮物
ひじきを使ったおなじみおかず

70kcal
塩分1.0g
糖質3.0g

材料（1人分）

ひじき（乾燥）……… 大さじ1（6g）
にんじん ……………… 2cm（20g）
油揚げ ……………… ¼枚（5g）

A
┌ だし汁 ……………… ¼カップ
│ 砂糖 ……………… 小さじ½
│ 日本酒 …………… 小さじ1
│ しょうゆ ………… 小さじ⅔
└ しょうが汁 ……………… 少々
ごま油 ……………… 小さじ½

作り方
1　ひじきは水でもどし、ざるに上げて水けをきり、食べやすい長さに切る。
2　油揚げは熱湯を回しかけて油抜きをし、細切りにする。
3　にんじんは2～3cm長さの細切りにする。
4　鍋にごま油を入れて熱し、1～3を強火で炒める。
5　にんじんがややしんなりしたらAを加え、弱めの中火で汁けがなくなるまで煮る。

ひじきと大豆の煮物　大豆と煮るヘルシーおかず

材料（1人分）

70kcal
塩分1.5g
糖質3.1g

ひじき（乾燥）……… 大さじ1（6g）
大豆（水煮缶詰）……………… 30g

A
┌ だし汁 ……………… ½カップ
│ しょうゆ …………… 小さじ1
│ 日本酒 …………… 小さじ1
│ 砂糖 ……………… 小さじ½
└ みりん …………… 小さじ½

作り方
ひじきは　上段の「ひじきの煮物」の作り方1と同様にする。
煮る　鍋にAとひじき、大豆を入れて強火にかけ、煮立ったらときどきかきまぜながら煮汁がほとんどなくなるまで弱めの中火で煮る。

ほうれんそうと鮭缶の煮びたし

鮭缶の利用で手軽に作れる

材料（1人分）

ほうれんそう ………… 3株（90g）
鮭（水煮缶詰）………………… 30g
A┌ だし汁 ………… ¼カップ
 │ 日本酒 ………… 小さじ1
 │ しょうゆ ………… 小さじ1
 └ 砂糖 ………… 小さじ⅓

80kcal
塩分1.3g
糖質1.7g

作り方

1 ほうれんそうは鍋に沸かした熱湯でややしんなりするまで強火でゆで、水にとって冷ます。水けをしぼって根元を切り落とし、3～4cm長さに切る。

2 鍋にAを入れて煮立て、1と鮭を入れて中火で一煮し、火を止める。

ほうれんそうとツナの煮びたし

ツナ缶にかえたバリエーション

材料（1人分）

ほうれんそう ………… 3株（90g）
ツナ（水煮缶詰・フレークタイプ）
………………… 20g
A┌ だし汁 ………… ¼カップ
 │ しょうゆ ………… 小さじ1
 │ 日本酒 ………… 小さじ1
 └ みりん ………… 小さじ½

50kcal
塩分1.1g
糖質1.5g

作り方

ほうれんそうは　上段の「ほうれんそうと鮭缶の煮びたし」の作り方1と同様にし、短めのざく切りにする。

煮る　鍋にAを入れて煮立て、ほうれんそうとツナを入れて中火で一煮し、火を止める。

白菜と鮭缶の煮びたし

白菜と組み合わせたバリエーション

材料（1人分）

白菜 ………………… 1枚（100g）
しょうが（せん切り）… 薄切り3枚分
鮭（水煮缶詰）………………… 30g
A┌ だし汁 ………… ⅔カップ
 │ しょうゆ ………… 大さじ½
 └ みりん ………… 小さじ⅔

80kcal
塩分1.7g
糖質3.9g

作り方

白菜は　茎と葉に切り分け、それぞれ2cm幅のざく切りにする。

煮る　鍋にAを入れて煮立て、白菜の茎としょうがを先に入れて強火で一煮し、次に葉と身をあらくほぐした鮭を入れて白菜がしんなりするまで弱めの中火で煮る。

しっとりと薄味に煮含めた 切り干し大根と油揚げの煮物

材料（1人分）

切り干し大根（乾燥）………………	10g
にんじん ………………	1 cm（10g）
生しいたけ………………	½個
万能ねぎ（小口切り）………	少々
油揚げ………………	⅓枚（7g）

A
だし汁 ………………	½カップ
砂糖………………	小さじ½
みりん………………	小さじ1
しょうゆ………………	小さじ1

90kcal
塩分1.1 g
糖質9.3 g

作り方

1　切り干し大根はやわらかくもどす。

2　油揚げは熱湯を回しかけて油抜きをし、細切りにする。

3　にんじんは短冊切り、生しいたけは軸を切り落として薄切りにする。

4　鍋に**A**を入れて煮立て、**1〜3**を入れてときどきまぜながら弱火で10分くらい煮る。

5　**4**を器に盛り、万能ねぎを散らす。

アドバイス 切り干し大根は洗ったあと、かぶるくらいの水かぬるま湯につけ、10〜15分おいて4倍ほどのかさにもどします。もどし汁にはうまみが出ているので、煮汁の一部として使ってもよいでしょう。

出盛りの夏野菜を使って、野菜の水分だけで煮る ラタトゥイユ

70kcal
塩分1.2 g
糖質6.9 g

材料（1人分）

なす……………………	½個（35g）
ズッキーニ……………	¼本（40g）
ピーマン……………	½個（20g）
玉ねぎ………………	⅙個（30g）
トマト………………	½個（80g）
にんにく（薄切り）………	½片分
塩……………………	小さじ⅕
こしょう……………………	少々
オリーブ油……………	小さじ½

作り方

1　なすとズッキーニは7〜8mm厚さの輪切りにし、なすは水に5分ほどつけてアクを抜く。

2　ピーマン、玉ねぎ、トマトは1.5cm角に切る。

3　鍋ににんにくとオリーブ油を入れて弱火で熱し、香りが出てきたらトマト以外の野菜を入れて強火で炒め合わせる。

4　トマトを加えてふたをし、野菜がやわらかくなるまで弱火で蒸し煮にし、全体を混ぜて塩とこしょうで味つけして火を止める。

かぶと厚揚げの煮びたし

淡泊なかぶに厚揚げを合わせてコクを出す

90kcal
塩分1.2g
糖質5.4g

材料（1人分）

かぶ ‥‥‥‥‥‥‥‥ 1個（80g）
かぶの葉 ‥‥‥‥‥‥‥‥‥20g
しめじ ‥‥‥‥‥‥ ⅓パック（30g）
厚揚げ ‥‥‥‥‥‥‥‥‥‥ 30g
A ┌ だし汁 ‥‥‥‥‥‥ ½カップ
　├ しょうゆ ‥‥‥‥‥ 小さじ1
　├ みりん ‥‥‥‥‥‥ 小さじ⅔
　└ 塩 ‥‥‥‥‥‥‥‥‥‥ 少々

作り方

1　かぶは4等分のくし形に切り、葉は3〜4cm長さに切る。
2　しめじは根元を切り落として小分けにする。
3　厚揚げはざるに入れ、熱湯を回しかけて油抜きをし、2cm厚さの角切りにする。
4　鍋にAを入れて強火で煮立て、1〜3を入れる。再び煮立ったら弱めの中火にし、落としぶたをして煮汁が少し残る程度まで煮含める。

アドバイス かぶは同量の大根や白菜、ほうれんそうなどにかえてもかまいません。

かぶと油揚げの煮物　油揚げにかえたバリエーション

60kcal
塩分1.0g
糖質4.8g

材料（1人分）

かぶ ‥‥‥‥‥‥‥‥ 1個（80g）
油揚げ ‥‥‥‥‥‥‥‥‥ ⅓枚（7g）
A ┌ だし汁 ‥‥‥‥‥‥ ½カップ
　├ しょうゆ ‥‥‥‥‥ 小さじ½
　├ 日本酒 ‥‥‥‥‥‥ 小さじ1
　├ 砂糖 ‥‥‥‥‥‥‥ 小さじ½
　└ 塩 ‥‥‥‥‥‥‥‥‥‥ 少々

作り方

かぶは　茎を少し残した状態で皮をむき、1個を6つ〜8つに切る。

油揚げは　ざるにのせ、熱湯を回しかけて油抜きをし、大きめの短冊に切る。

煮る　鍋にAを入れて強火で煮立て、かぶを入れて弱めの中火で煮る。かぶに竹串が通るようになったら油揚げを加えて強火で一煮し、火を止める。

小松菜と厚揚げの煮物　小松菜と組み合わせてふっくらと煮上げる

80kcal
塩分0.7g
糖質2.2g

材料（1人分）
小松菜‥‥‥‥‥‥‥‥‥ 2株（60g）
厚揚げ‥‥‥‥‥‥‥‥‥‥‥ 40g
A┌ だし汁‥‥‥‥‥‥‥ ½カップ
　│ しょうゆ‥‥‥‥‥‥ 小さじ⅔
　└ みりん‥‥‥‥‥‥‥ 小さじ⅔

作り方
小松菜は　熱湯でしんなりするまでゆで、3cm長さに切りそろえる。
厚揚げは　右ページの「かぶと厚揚げの煮びたし」の作り方3と同様にして油抜きをし、半分に切る。
煮る　鍋にAを入れて強火で煮立て、厚揚げを入れて弱めの中火で煮る。厚揚げに味がしみたら、小松菜を加えて強火で一煮し、火を止める。

水菜と油揚げの煮びたし　水菜のシャキシャキ感を生かしてさっと煮る

80kcal
塩分1.3g
糖質2.2g

材料（1人分）
水菜‥‥‥‥‥‥‥‥‥‥‥‥‥ 70g
油揚げ‥‥‥‥‥‥‥‥‥ ½枚（10g）
A┌ だし汁‥‥‥‥‥‥‥ ⅓カップ
　│ しょうゆ‥‥‥‥‥‥ 小さじ1
　│ 日本酒‥‥‥‥‥‥‥ 小さじ½
　│ みりん‥‥‥‥‥‥‥ 小さじ1
　└ 塩‥‥‥‥‥‥‥‥‥‥‥‥ 少々

作り方
水菜は　熱湯でさっとゆで、4cm長さに切りそろえる。
油揚げは　右ページの「かぶと油揚げの煮物」と同様にして油抜きをし、1cm幅に切る。
煮る　鍋にAを入れて強火で煮立て、水菜と油揚げを入れて強火でさっと煮る。再び煮立ったら火を止め、そのまま10分ほどおいて味を含める。

アスパラのガーリックソテー
にんにく風味のシンプルな炒め物

材料（1人分）

グリーンアスパラガス… 4本（80g）	
にんにく…………………… 1片	
塩、こしょう……………… 各少々	
植物油……………… 小さじ½	

60kcal
塩分0.8g
糖質1.8g

作り方

1 グリーンアスパラガスは根元のかたい部分を切り落とし、太いものは茎の下のほうの皮を薄くむいてから、斜め切りにする。

2 にんにくはみじん切りにする。

3 フライパンに植物油と**2**を入れて弱火で熱し、香りが出てきたら**1**を入れて強火で炒める。

4 アスパラガスがややしんなりしてきたら塩とこしょうで味つけし、火を止める。

アドバイス にんにくなどの香味野菜で風味づけすると、薄味の料理でももの足りなさを感じずにおいしく食べられます。

アスパラとしめじのにんにく炒め しめじを加えたバリエーション

70kcal
塩分1.0g
糖質2.0g

材料（1人分）

グリーンアスパラガス… 3本（60g）	
しめじ……………½パック（50g）	
にんにく（薄切り）………… 3枚	
塩……………………… 小さじ⅙	
こしょう………………… 少々	
オリーブ油…………… 小さじ1	

作り方

野菜類は アスパラガスは上段の「アスパラのガーリックソテー」の作り方1と同様に下ごしらえし、1本を2〜3等分に斜め切りにする。しめじは根元を切り落とし、小分けにする。

炒める フライパンにオリーブ油とにんにくを入れて弱火で炒め、香りが出てきたらアスパラガスとしめじを入れて強火で手早く炒め合わせる。

味つけ しめじがしんなりしたら塩とこしょうを振って味つけし、火を止める。

アスパラとウインナのバター炒め　ウインナと合わせ、薄味仕上げに

材料（1人分）

90kcal
塩分0.4g
糖質1.9g

グリーンアスパラガス
　　　…………… 細6本(60g)
ウインナソーセージ …… 1本(20g)
バター………………… 小さじ½

作り方

アスパラガスは　右ページの「アスパラのガーリックソテー」の作り方1と同様に下ごしらえし、斜め切りにする。

ウインナは　2〜3mm幅の輪切りにする。

炒める　フライパンにバターを入れて弱火にかけ、バターがとけたらアスパラガスとウインナを入れて強火で炒め合わせ、アスパラガスがややしんなりしたら火を止める。

アスパラと鶏肉のにんにく風味炒め　鶏肉としめじを加えてボリュームアップ

90kcal
塩分0.9g
糖質4.1g

材料（1人分）

グリーンアスパラガス
　　　…………… 細6本(60g)
しめじ………… ½パック(50g)
にんにく(薄切り) ………… ½片分
鶏もも肉(皮なし)……………20g
しょうゆ……………… 小さじ1
みりん……………… 小さじ½
A┌ かたくり粉………… 小さじ½
　└ 水……………… 大さじ1
植物油……………… 小さじ½

作り方

野菜類は　アスパラガスは右ページの「アスパラのガーリックソテー」の作り方1と同様に下ごしらえし、斜め切りにする。しめじは根元を切り落とし、小分けにする。

鶏肉は　1.5cm角に切る。

炒める　フライパンに植物油とにんにくを入れて弱火にかけ、香りが出てきたら、強火にして鶏肉とアスパラガス、しめじを入れて炒め合わせる。

味つけ　アスパラガスがややしんなりしたら、しょうゆとみりんで味つけし、まぜ合わせたAを回し入れてとろみをつけ、火を止める。

キャベツのアンチョビーソテー
アンチョビーで味にアクセントをつけて

材料（1人分）

キャベツ		2枚（120g）
にんにく（薄切り）		½片分
パセリ（みじん切り）		少々
アンチョビーフィレ（缶詰）		1枚
こしょう		少々
植物油		小さじ1

70kcal
塩分0.5g
糖質4.2g

作り方
1 キャベツはかたいしんの部分を除いて3〜4cm角に切る。
2 アンチョビーはみじん切りにする。
3 フライパンに植物油とにんにくを入れて弱火にかけ、香りが出て
　きたら2を加えて軽く炒める。ここに1を入れて強火で手早く
　炒め合わせ、キャベツがしんなりしたらこしょうを振る。
4 3を器に盛り、パセリを散らす。

キャベツとコンビーフのソテー
身近な食材にかえたバリエーション

材料（1人分）

キャベツ		1½枚（90g）
コンビーフ（缶詰）		15g
塩		少々
黒こしょう		少々
植物油		小さじ½

70kcal
塩分0.8g
糖質3.3g

作り方
キャベツは　3cm角に切る。
炒める　フライパンに植物油を入れて熱し、キャベツを強火
　で炒める。キャベツに油が回ったらコンビーフを加えて
　ほぐすように手早く炒め合わせ、キャベツがややしんなり
　したところで塩と黒こしょうを振って火を止める。

モロヘイヤとアンチョビーの塩炒め
モロヘイヤにかえたバリエーション

材料（1人分）

モロヘイヤ		½束（50g）
にんにく		½片
アンチョビーフィレ（缶詰）		½枚
塩、こしょう		各少々
オリーブ油		小さじ1

60kcal
塩分0.7g
糖質0.1g

作り方
野菜類は　モロヘイヤは葉の部分だけをつんで使う。にんに
　くはみじん切りにする。
アンチョビーは　あらく刻む。
炒める　フライパンにオリーブ油とにんにくを入れて弱火に
　かけ、香りが出てきたらモロヘイヤとアンチョビーを入れ
　て強火で炒め合わせる。
味つけ　モロヘイヤがしんなりしたら塩とこしょうで味つけ
　し、火を止める。

いりつけるだけの手軽な家庭の味 きんぴらごぼう

材料（1人分）

ごぼう	¼本（40g）
にんじん	3㎝（30g）
A しょうゆ	小さじ1
日本酒	小さじ2
砂糖	小さじ1
植物油	小さじ½
いり白ごま	少々
七味とうがらし	少々

80kcal
塩分0.9g
糖質5.5g

作り方

1. ごぼうは皮をこそげ、4㎝長さのせん切りにし、水に5分ほどつけてアクを抜く。
2. にんじんもごぼうと同じ長さのせん切りにする。
3. 鍋に植物油を入れて熱し、水けをきった**1**を強火で炒める。ごぼうに油が回ったら**2**も加えて一炒めする。
4. **3**に**A**を加えてまぜ、汁けがなくなるまで弱火でいりつける。
5. 器に**4**を盛り、いりごまと七味とうがらしを振る。

せん切り野菜を炒めて酢で味つけ 炒めなます

90kcal
塩分1.1g
糖質6.1g

材料（1人分）

大根	3㎝（100g）
にんじん	2㎝（20g）
絹さや	3枚
きくらげ（乾燥）	1枚
油揚げ	⅓枚（7g）
A 酢	大さじ1
砂糖	小さじ½
しょうゆ	小さじ1
塩	少々
ごま油	小さじ½
いり白ごま	少々

作り方

1. 大根とにんじん、筋をとった絹さやは、せん切りにする。
2. きくらげはもどして石づきを切り落とし、せん切りにする。
3. 油揚げは細切りにする。
4. フライパンにごま油を入れて強火で熱し、大根、にんじん、きくらげ、絹さや、油揚げの順に入れて強火でよく炒め合わせる。
5. **4**の野菜がしんなりしたら、まぜ合わせた**A**を加え、弱火で汁けがなくなるまでいりつける。
6. **5**を器に盛り、いりごまを振りかける。

小松菜と桜えびの炒め物
桜えびの香りとうまみで楽しむ青菜炒め

材料（1人分）

40kcal	
塩分0.5g	
糖質0.3g	

小松菜‥‥‥‥‥‥‥‥‥ 2株（60g）
干し桜えび‥‥‥‥ 大さじ1（3g）
にんにく（みじん切り）‥‥‥‥ 少々
A ┌ しょうゆ‥‥‥‥‥‥‥ 小さじ½
　├ 日本酒‥‥‥‥‥‥‥‥ 小さじ1
　└ だし汁‥‥‥‥‥‥‥‥ 小さじ1
ごま油‥‥‥‥‥‥‥‥‥‥ 小さじ½

作り方

1　小松菜は茎は3〜4cm長さに、葉はざく切りにする。

2　フライパンにごま油とにんにくを入れて弱火で熱し、香りが出てきたら先に1の茎の部分を強火で炒める。ややしんなりしたところで葉の部分と干し桜えびを加えて炒め合わせる。

3　葉がしんなりしたらAを加えてまぜ、火を止める。

 参考メモ　ほうれんそうが緑黄色野菜の王様なら、小松菜は冬の青菜の女王。アクがなく、やさしい味わいながらビタミンA、ビタミンB₂、ビタミンC、ビタミンE 、カルシウム、鉄分をたっぷり含んでいます。

小松菜としらすの炒め物　　しらすにかえた青菜炒めのバリエーション

50kcal	
塩分0.8g	
糖質0.3g	

材料（1人分）

小松菜‥‥‥‥‥‥‥‥‥ 2株（60g）
しらす干し‥‥‥‥‥‥‥ 大さじ2
A ┌ しょうゆ‥‥‥‥‥‥‥ 小さじ⅓
　└ 日本酒‥‥‥‥‥‥ 小さじ½
植物油‥‥‥‥‥‥‥‥‥ 小さじ½
いり白ごま‥‥‥‥‥‥‥‥‥‥ 少々

アドバイス　炒めるときに、赤とうがらしの小口切りを少々加えてもよいでしょう。ピリッと辛みがきいて、味がしまります。

作り方

小松菜は　3〜4cm長さに切り、茎と葉の部分に分けておく。

炒める　フライパンに植物油を入れて熱し、しらす干しを中火で炒める。しらす干しがこんがりしてきたら、小松菜の茎の部分を加えて強火で手早く炒め合わせる。ややしんなりしたところで葉の部分も加えて一炒めし、Aで味つけして火を止める。

盛りつける　器に盛り、いりごまを振りかける。

ししとうとじゃこの炒め物　じゃこにかえ、甘辛い味つけの常備菜に

60kcal
塩分0.8g
糖質1.2g

材料（1人分）

ししとうがらし……………… 8本
ちりめんじゃこ……… 大さじ1
A┌ しょうゆ………… 小さじ½
　└ みりん…………… 小さじ½
植物油……………… 小さじ1

作り方

ししとうがらしは　ヘタの先を切り落とし、実の部分は破裂防止のために、竹串などでつついて2〜3カ所穴をあけておく。

炒める　フライパンに植物油を入れて熱し、ししとうがらしとちりめんじゃこを強火で炒め合わせる。

味つけ　ししとうがらしに油が回ったらAを加えて全体にからめ、火を止める。

アドバイス ちりめんじゃこはカルシウムを多く含む食品ですが、塩分もけっこうあるので使用量はほどほどに。

ピーマンとじゃこの炒め物　ピーマンを使ったバリエーション

80kcal
塩分1.1g
糖質1.9g

材料（1人分）

ピーマン…………… 2個（80g）
ちりめんじゃこ……… 大さじ2
しょうゆ…………… 小さじ⅓
ごま油……………… 小さじ1

作り方

ピーマンは　縦半分に切ってヘタと種を除き、横に細切りにする。

炒める　フライパンを熱してごま油を入れ、強火でピーマンを手早く炒める。ピーマンに油が回ったらちりめんじゃこを加えて炒め合わせる。

味つけ　ピーマンがしんなりしたところでしょうゆを加えて手早くからめ、火を止める。

絹さやとしめじのソテー
２つの材料だけで作るスピードおかず

材料（1人分）
絹さや……………………10枚
しめじ…………… ½パック(50g)
塩、こしょう……………… 各少々
植物油………………… 小さじ1

60kcal
塩分0.7g
糖質1.7g

作り方
1　絹さやは筋をとる。
2　しめじは根元を切り落とし、小分けにする。
3　フライパンに植物油を熱し、1と2を強火で手早く炒め合わせる。絹さやがしんなりしてきたら塩とこしょうで味つけし、火を止める。

さやいんげんとツナのソテー
冷蔵庫にあるものでできる手軽な炒め物

材料（1人分）
さやいんげん……… ８本(60g)
ツナ(水煮缶詰・フレークタイプ)
………………… 20g
塩、こしょう……………… 各少々
植物油………………… 小さじ½

50kcal
塩分0.9g
糖質1.3g

作り方
さやいんげんは　筋をとって熱湯でかために強火でゆで、水にとって冷ます。水けをきって1本を2〜3等分に切る。
炒める　フライパンに植物油を入れて熱し、さやいんげんを強火で炒める。さやいんげんに油が回ったら、ツナを加えて手早く炒め合わせる。
味つけ　塩とこしょうを振り、火を止める。

セロリとハムのソテー
セロリの歯ざわりを生かして手早く炒めるのがコツ

材料（1人分）
セロリ ……………… ½本(40g)
ロースハム………… １枚(15g)
しょうゆ、こしょう………… 各少々
植物油………………… 小さじ½

60kcal
塩分0.4g
糖質0.7g

作り方
セロリは　筋をとって、1cm幅の斜め切りにする。
ハムは　短冊切りにする。
炒める　フライパンを熱して植物油を入れ、強火でセロリを炒める。セロリに油が回ったらハムを加えて軽く一炒めする。
味つけ　しょうゆとこしょうで味つけし、火を止める。

チンゲン菜のオイスターソース炒め
中国野菜で作る手軽なおかず

材料（1人分）

チンゲン菜 ……………… 1株（100g）

A
┌ 長ねぎ（みじん切り）‥ 1/6本分（10g）
│ しょうが（みじん切り）
│ ……………… 薄切り3枚分
└ にんにく（みじん切り）……… 1/2片分

オイスターソース …………… 小さじ1
しょうゆ………………… 小さじ1/2
ごま油………………… 小さじ1

60kcal
塩分1.2g
糖質2.2g

作り方
1　チンゲン菜は茎と葉に切り分け、それぞれ3～4cm長さのざく切りにする。
2　フライパンにごま油とAを入れて弱火で炒め、香りが出てきたら1を茎、葉の順に入れて強火で手早く炒め合わせる。
3　チンゲン菜がしんなりしたらオイスターソースとしょうゆを回し入れ、ひとまぜして火を止める。

チンゲン菜とまいたけのソテー　きのこと合わせ、塩味であっさりと

50kcal
塩分0.9g
糖質0.4g

材料（1人分）
チンゲン菜 ………… 1/2株（50g）
まいたけ ……… 1/2パック（50g）
塩………………………… 少々
植物油………………… 小さじ1

作り方
チンゲン菜は　上段の「チンゲン菜のオイスターソース炒め」の作り方1と同様に切る。
まいたけは　小分けにする。
炒める　フライパンに植物油を入れて熱し、チンゲン菜の茎の部分を入れて強火で炒める。茎がややしんなりしてきたら葉とまいたけを加えて炒め合わせ、塩で味つけする。

なすとピーマンのみそ炒め
甘辛味がおいしい夏のスタミナ料理

材料（1人分）

なす	1個(70g)	
ピーマン	½個(20g)	
玉ねぎ	20g	
A	みそ	大さじ½
	砂糖	小さじ1
	しょうゆ	小さじ½
	日本酒	小さじ1
	だし汁	大さじ1
	しょうが汁	小さじ½
植物油	小さじ1	

100kcal 塩分1.5g 糖質8.1g

作り方
1 なすはヘタを切り落として1cm厚さくらいの輪切りにする。
2 ピーマンは一口大の乱切りにする。
3 玉ねぎは薄切りにする。
4 ボウルにAを入れてまぜ合わせておく。
5 フライパンに植物油を入れて熱し、水けをふいた1を強火で炒め、なすがややしんなりしたら2と3を加えて炒め合わせる。
6 ピーマンがややしんなりしたら4を加え、手早く全体にからめて火を止める。

なすとピーマンのみそ炒め風
豚ひき肉を加えて、味にひとひねり

70kcal 塩分1.0g 糖質4.6g

材料（1人分）

なす	1個(70g)	
ピーマン	½個(20g)	
豚ひき肉	15g	
A	みそ	小さじ1
	砂糖	小さじ½
	しょうゆ	小さじ⅓
	日本酒	小さじ1
	だし汁	小さじ1

作り方
野菜は なすとピーマンは一口大の乱切りにする。
炒める フライパンを熱し、豚ひき肉を入れて油を使わずにほぐしながら強火で炒める。ひき肉の色が変わったら、水けをふいたなすとピーマンを加えて手早く炒め合わせる。ここに水大さじ1を加えてふたをし、蒸し焼き風にする。
味つけ なすがしんなりしたらまぜ合わせたAを加え、全体にからめて火を止める。

なすとこんにゃくのみそ炒め
こんにゃくを加えてボリュームアップ

70kcal 塩分1.1g 糖質5.8g

材料（1人分）

なす	1個(70g)	
ピーマン	½個(20g)	
にんじん	2cm(20g)	
板こんにゃく	30g	
A	みそ	小さじ1
	しょうゆ	小さじ½
	みりん	小さじ1
	だし汁	大さじ2
植物油	小さじ½	

作り方
野菜は なすとピーマンは一口大の乱切りにし、にんじんは縦半分に切ったあと斜め薄切りにする。
こんにゃくは 一口大に手でちぎり、熱湯で1～2分ゆでて水けをきる。
炒める フライパンに植物油を熱し、水けをふいた野菜とこんにゃくを強火で炒める。
味つけ 野菜がややしんなりしたら、まぜ合わせたAを加えて全体にからめ、火を止める。

なすの香味炒め
相性のよい油と香味野菜でなすを満喫

80kcal
塩分1.1g
糖質2.1g

材料(1人分)

なす ………………… 1個(70g)
青じそ(せん切り) ……… 2枚分
A ┌ 長ねぎ(みじん切り)
　　 ………………… 小さじ1
　 しょうが(みじん切り)
　　 ………………… 小さじ½
　 └ にんにく(みじん切り)
　　 ………………… 小さじ½
B ┌ しょうゆ ………… 小さじ1
　 └ 塩 ………………小々
植物油 …………… 小さじ1½

作り方

1　なすはヘタを切り落として皮つきのまま縦6等分に切る。
2　フライパンに植物油とAを入れて弱火にかけ、香りが出てきたら水けをふいた1を入れて中火で軽く炒め、ふたをして弱火で蒸し焼きにする。
3　なすがしんなりしたら強火にし、Bを加えて味をからめ、火を止める。
4　3を器に盛り、青じそをのせる。

なすの炒め煮　油でコクをつけて、ふっくらとなすを味わう

70kcal
塩分0.7g
糖質4.2g

材料(1人分)

なす ………………… 1個(70g)
おろししょうが …………… 小々
万能ねぎ(小口切り) ……… 1本分
A ┌ だし汁 …………… ¼カップ
　 しょうゆ ………… 小さじ⅔
　 日本酒 ………… 小さじ1
　 └ 砂糖 …………… 小さじ⅔
植物油 ……………… 小さじ1

作り方

なすは　皮つきのまま1cm厚さの輪切りにする。
炒める　鍋に植物油を入れて強火で熱し、水けをふいたなすを入れて全体に油が回る程度に軽く炒める。Aとおろししょうがを加え、再び煮立ったら弱めの中火にし、なすがやわらかくなるまで煮る。
盛りつける　器に盛り、上から全体に万能ねぎを散らす。

ほうれんそうのソテー
豊富な栄養成分が効率よくとれる洋風おかず

材料(1人分)

ほうれんそう	3株(90g)
しょうゆ	小さじ½
塩、こしょう	各少々
オリーブ油	小さじ½

40kcal
塩分0.9g
糖質0.3g

作り方

1 ほうれんそうは、鍋に沸かした熱湯で少しかたさが残る程度に強火でゆでて水にとる。冷めたら、水けをしぼって根元を切り落とし、3cm長さのざく切りにする。

2 フライパンにオリーブ油を熱して1を強火で手早く炒め、全体に油が回ったらしょうゆと塩、こしょうで味つけし、火を止める。

ほうれんそうのガーリックソテー　にんにくをきかせてスタミナアップの一品に

50kcal
塩分0.9g
糖質0.4g

材料(1人分)

ほうれんそう	3株(90g)
にんにく(薄切り)	1片分
塩、こしょう	各少々
バター	小さじ1

作り方

ほうれんそうは　上段の「ほうれんそうのソテー」の作り方1と同様にする。

炒める　フライパンにバターとにんにくを入れて弱火にかけ、香りが出てきたらほうれんそうを加えて強火で軽く炒める。

味つけ　全体にバターが回ったら塩とこしょうで味つけし、火を止める。

ほうれんそうとコーンのソテー　コーンを合わせ、バターで炒めたアレンジ版

材料（1人分）

ほうれんそう ……… 3株（90g）
コーン（ホール・缶詰）… 大さじ1
A ┌ しょうゆ ………… 小さじ½
　 └ 塩、こしょう ……… 各少々
バター ……………… 小さじ¾

50kcal
塩分1.1g
糖質2.1g

作り方

ほうれんそうは　右ページの「ほうれんそうのソテー」の作り方1と同様にする。

炒める　フライパンにバターを入れて弱火でとかし、ほうれんそうと缶汁をきったコーンを強火で手早く炒め合わせる。

味つけ　全体にバターが回ったらAで味つけし、火を止める。

ほうれんそうとベーコンのソテー　ベーコンとコーンでボリュームアップ

90kcal
塩分0.8g
糖質2.4g

材料（1人分）

ほうれんそう ……… 3株（90g）
コーン（ホール・缶詰）… 大さじ1
ベーコン …………… ½枚（10g）
塩 ……………………… 少々
植物油 ……………… 小さじ½

作り方

ほうれんそうは　右ページの「ほうれんそうのソテー」の作り方1と同様にする。

ベーコンは　1cm幅くらいに切る。

炒める　フライパンに植物油を入れて熱し、ベーコンを入れて弱火で炒める。ベーコンから脂が出てカリカリしてきたらほうれんそうと缶汁をきったコーンを加えて強火で手早く炒め合わせる。

味つけ　全体に油が回ったら塩を振って味つけし、火を止める。

ごぼうサラダ
せん切りごぼうをマヨネーズソースで

材料（1人分）

ごぼう	¼本（40g）
サラダ菜	3枚
ミニトマト	2個
A ┌ マヨネーズ	小さじ1
│ しょうゆ	小さじ½
│ 練りがらし	少々
└ 塩	少々
すり白ごま	少々

70kcal
塩分0.8g
糖質2.4g

作り方

1 ごぼうはせん切りにして5分ほど水につけ、アクを抜く。これを鍋に沸かした熱湯で1〜2分強火でゆで、ざるに上げて水けをきっておく。

2 ボウルにAを合わせてまぜ、1を入れてあえる。

3 器にサラダ菜を敷き、2を盛って上にすりごまを振り、縦半分に切ったミニトマトを添える。

ごぼうのごまマヨサラダ
人気のごまマヨネーズであえて

80kcal
塩分0.5g
糖質0.6g

材料（1人分）

ごぼう	¼本（40g）
サラダ菜	2枚
パセリ	少々
A ┌ マヨネーズ	大さじ½
│ しょうゆ	小さじ½
└ すり白ごま	小さじ⅓

作り方

ごぼうは　上段の「ごぼうサラダ」の作り方1と同様にする。

あえる　ボウルにAを入れてよくまぜ合わせ、ごぼうをあえる。

盛りつける　サラダ菜を敷いた器に盛り、パセリを添える。

ごぼうとささ身のサラダ
ささ身を加えたバリエーション

70kcal 塩分0.6g 糖質0.6g

材料（1人分）

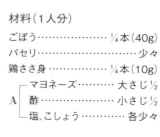

ごぼう	¼本（40g）
パセリ	少々
鶏ささ身	¼本（10g）
A ┌ マヨネーズ	大さじ½
│ 酢	小さじ½
└ 塩、こしょう	各少々

作り方

ごぼうは　上段の「ごぼうサラダ」の作り方1と同様にする。

鶏ささ身　耐熱皿に入れてラップをかけ、電子レンジで2〜3分加熱する。ささ身が冷めたら、手で縦に細く裂く。

あえる　ボウルにAを入れてよくまぜ合わせ、ごぼうとささ身をあえる。

盛りつける　器に盛り、パセリをのせる。

キャベツがたっぷり食べられる　コールスローサラダ

材料（1人分）

60kcal	
塩分0.9g	
糖質3.9g	

キャベツ …………… 1枚（60g）
きゅうり …………… ¼本（25g）
にんじん …………… 2㎝（20g）
A ┌ マヨネーズ ……… 大さじ½
　└ レモン果汁 ……… 小さじ1
塩、こしょう …………… 各少々

作り方
1　キャベツときゅうり、にんじんはせん切りにする。
2　1を氷水に放してパリッとさせ、ざるに上げて水け
　をよくきる。
3　2をボウルに入れ、Aを加えてよくまぜ、塩とこし
　ょうで味をととのえる。

マーマレードで味に変化をつけた　にんじんサラダ

90kcal	
塩分0.4g	
糖質9.3g	

材料（1人分）

にんじん …………… 6㎝（60g）
レーズン …………… 小さじ1
くるみ ………………… ½個
A ┌ 酢 ……………… 大さじ1
　│ 塩 ……………… 少々
　│ マーマレード（低糖タイプ）
　│ ……………… 小さじ1
　└ オリーブ油 ……… 小さじ½

作り方
1　にんじんはせん切りにする。
2　レーズンはかぶるくらいのぬるま湯にしばらくつ
　けてやわらかくもどす。
3　くるみは包丁でこまかく刻む。
4　Aをボウルに合わせてまぜ、1と2を入れてあえる。
5　4を器に盛り、上に3を散らす。

大根と貝柱のサラダ
シャキッとした大根をマヨネーズソースで

70kcal
塩分0.9g
糖質2.5g

材料（1人分）

大根‥‥‥‥‥‥‥‥‥ 2㎝（60g）
貝割れ菜‥‥‥‥‥ ¼パック（20g）
ほたて貝柱（水煮缶詰）‥‥‥‥ 20g
A ┌ マヨネーズ‥‥‥‥ 大さじ½
　 │ ほたて貝柱の缶汁‥ 大さじ1
　 └ 塩、こしょう‥‥‥‥‥ 各少々

作り方

1 大根はせん切りにし、水につけてシャキッとさせ、ざるに上げて水けをよくきる。貝割れ菜は根元を切り落として長さを半分に切る。
2 小さなボウルにAを入れてまぜ、マヨネーズソースを作る。
3 1とあらくほぐしたほたて貝柱をさっくりと合わせて器に盛り、食べる直前に2をかける。

大根とハムのサラダ　ハムを加えたバリエーション

材料（1人分）

大根‥‥‥‥‥‥‥‥‥ 2㎝（60g）
貝割れ菜‥‥‥‥‥ ¼パック（20g）
ロースハム‥‥‥‥‥‥ 1枚（15g）
A ┌ マヨネーズ‥‥‥‥ 小さじ1
　 │ レモンのしぼり汁‥ 小さじ1
　 └ 塩、こしょう‥‥‥‥‥ 各少々

70kcal
塩分0.8g
糖質2.5g

作り方

野菜は　上段の「大根と貝柱のサラダ」の作り方1と同様にする。
ハムは　せん切りにする。
あえる　ボウルにAを入れてよくまぜ合わせ、野菜とハムをあえる。

アドバイス ロースハムは、できるだけ塩分や添加物の少ないタイプを使いましょう。ハムのかわりに、同量の鶏ささ身をゆでて使ってもかまいません。縦に細く裂いて大根と合わせます。

大根とトマトのサラダ　トマト、貝割れ菜と合わせ、シンプルに

80kcal　塩分0.7g　糖質3.9g

材料(1人分)
大根 ················· 1.5cm(50g)
トマト ················· ⅛個(20g)
貝割れ菜 ···················· 少々
A ┌ マヨネーズ ········· 小さじ2
　│ 牛乳 ················· 小さじ½
　│ 塩、こしょう ··········· 各少々
　└ 砂糖 ················· 小さじ½

作り方
野菜は　大根は右ページの「大根と貝柱のサラダ」の作り方1と同様にする。トマトは皮を湯むきして種もとり除き、あらいみじん切りにする。貝割れ菜は根元を切り落とし、長さを2〜3等分に切る。
あえる　ボウルにAを入れてよくまぜ合わせ、大根を入れてさっとあえる。
盛りつける　大根を器に盛ってトマトを彩りよく添え、貝割れ菜を散らす。

大根とハムの梅サラダ　梅ドレッシングでさっぱりと味わう

70kcal　塩分0.9g　糖質1.1g

作り方
大根は　右ページの「大根と貝柱のサラダ」の作り方1と同様にする。
ハムは　せん切りにする。
あえる　Aの梅肉は包丁の背でたたいてペースト状にし、ボウルに入れて残りのAとよくまぜ合わせ、梅ドレッシングを作る。ここに大根とハムを入れて、さっくりとあえる。
盛りつける　器に盛り、万能ねぎを散らす。

材料(1人分)
大根 ················ 2cm(60g)
万能ねぎ(小口切り) ··· 1本分
ロースハム ········· 1枚(15g)
A ┌ 梅肉 ····· 小さじ½(3g)
　│ だし汁 ········· 大さじ2
　└ 植物油 ········ 小さじ½
※梅肉は、梅干しから種を除いたもの。

かぶの三色サラダ　大根をかぶにかえたバリエーション

60kcal　塩分1.0g　糖質3.7g

材料(1人分)
かぶ ················· 1個(80g)
きゅうり ················· 10g
にんじん ········· 1cm(10g)
塩 ····················· 少々
A ┌ マヨネーズ ···· 大さじ½
　└ こしょう ··········· 少々

作り方
野菜は　かぶは薄い半月切りにし、きゅうりとにんじんは薄い輪切りにする。
あえる　ボウルに野菜を入れ、塩を振ってからませ、しばらくおく。野菜がしんなりしてきたら水洗いし、水けをしぼる。これをまぜ合わせたAであえる。

ツナサラダ

手軽なツナ缶と冷蔵庫にある
野菜を使って

材料（1人分）

		80kcal
		塩分1.1g
		糖質4.4g

ツナ（水煮缶詰・フレークタイプ）
‥‥‥‥‥‥‥‥‥‥‥‥ 20g
キャベツ ‥‥‥‥‥‥ ½枚（30g）
きゅうり ‥‥‥‥‥‥‥ ¼本（25g）
トマト ‥‥‥‥‥‥‥‥ ¼個（40g）
玉ねぎ ‥‥‥‥‥‥‥‥‥‥ 20g
パセリ（みじん切り）‥‥‥ 小さじ1
A
┌ 酢 ‥‥‥‥‥‥‥‥‥ 小さじ1
│ スープ ‥‥‥‥‥‥‥ 大さじ1
│ 塩、こしょう ‥‥‥‥‥ 各少々
└ 植物油 ‥‥‥‥‥‥‥ 小さじ1

※スープは、コンソメスープの素（顆粒）
少々を湯大さじ1でといたもの。

作り方

1 キャベツときゅうりは、それぞれせん切りにする。
2 トマトはくし形に切り、玉ねぎはみじん切りにして水につけ、水けをしぼる。
3 ボウルにツナ、2の玉ねぎ、パセリを入れてまぜる。
4 別の小さなボウルにAを合わせてよくまぜ、ドレッシングを作る。
5 器に1を敷いてトマトをのせ、3を盛って、4を回しかける。

ツナとレタスのサラダ　ツナ缶を使ったバリエーション

	80kcal
	塩分0.7g
	糖質1.8g

材料（1人分）

ツナ（油漬け缶詰）
‥‥‥‥‥‥‥‥‥‥‥‥ 20g
キャベツ ‥‥‥‥‥‥‥ ½枚（30g）
レタス ‥‥‥‥‥‥‥‥ ½枚（15g）
にんじん ‥‥‥‥‥‥‥‥‥‥ 5g
A
┌ 酢 ‥‥‥‥‥‥‥‥‥ 小さじ1
│ 塩、こしょう ‥‥‥‥‥ 各少々
└ オリーブ油 ‥‥‥‥‥ 小さじ½

作り方

野菜は　キャベツとレタスは手で食べやすい大きさにちぎり、水につけてシャキッとさせ、ざるに上げて水けをよくきる。にんじんは薄いいちょう切りにする。

あえる　ボウルに野菜とツナを入れて、まぜ合わせたAでさっくりとあえる。

トマトと青じそのサラダ
新鮮な素材のおいしさを味わう

80kcal　塩分0.9g　糖質5.6g

材料（1人分）

トマト …… 小1個(120g)
青じそ ……………… 5枚
玉ねぎ ……………… 20g

A
┌ 酢 ………… 小さじ1
│ しょうゆ …… 小さじ1
│ 砂糖 ………… 少々
└ オリーブ油‥ 小さじ1

作り方

1 トマトは乱切りにし、青じそはせん切りにする。玉ねぎはみじん切りにして、水につける。

2 小さなボウルにAの材料を入れてまぜ、ドレッシングを作る。

3 器にトマトを盛って、水けをしぼった玉ねぎを散らし、青じそをのせる。2をかけ、青じそをからめながら食べる。

トマトと青じその和風サラダ　かにかまぼこを加え、レモンドレッシングで

70kcal　塩分1.1g　糖質6.3g

作り方

トマトは　小さめの角切りにする。
かにかまぼこは　縦に細く裂く。
盛りつける　器にトマトを盛って玉ねぎを散らし、かにかまぼこと青じそをのせる。まぜ合わせたAをかけ、全体をからめながら食べる。

材料（1人分）

トマト …… 小1個(120g)
青じそ（せん切り）… 1枚分
玉ねぎ（みじん切り）… 20g
かにかまぼこ ……… 1本

A
┌ レモン果汁‥ 小さじ2
│ しょうゆ …… 小さじ1
└ 植物油 …… 小さじ½

アドバイス レモン果汁のかわりにかぼすやすだち、ゆずのしぼり汁を使ってもかまいません。また、仕上げにいりごまや削りがつおを少々振ってもよいでしょう。

トマトサラダ　シンプルにトマトの甘みと酸味を味わう

60kcal　塩分0.3g　糖質3.9g

材料（1人分）

トマト …… 小1個(120g)

A
┌ りんご酢 …… 大さじ½
│ 塩 ……………… 少々
│ 黒こしょう ……… 少々
└ オリーブ油‥ 小さじ1

作り方

トマトは　食べやすい大きさに乱切りにする。
盛りつける　器にトマトを盛って、まぜ合わせたAを回しかけ、あればバジルの生葉を添える。

アドバイス オリーブ油のかわりに同量の植物油を使ってもかまいません。

ブロッコリーサラダ

歯ごたえを楽しむ単品サラダ

材料（1人分）

	70kcal
	塩分0.1g
	糖質1.6g

ブロッコリー ………… ½株（60g）

A ┌ マヨネーズ ……… 大さじ½
　├ 酢 ……………… 小さじ1
　└ 粒マスタード ………… 少々

作り方

1　ブロッコリーは小房に切り分け、鍋に沸かした熱湯で好みのかたさに強火でゆで、ざるに上げて水けをきっておく。
2　ボウルにAを入れ、よくまぜ合わせてマヨネーズソースを作る。
3　2に1を入れ、全体にからめる。

ブロッコリーのごまネーズ　クリーミィなソースで味わう

80kcal	塩分0.7g	糖質1.7g

材料（1人分）

ブロッコリー …… ½株（60g）
ラディッシュ ………… ½個

A ┌ マヨネーズ …… 大さじ½
　├ 練り白ごま …… 小さじ½
　└ しょうゆ …… 小さじ⅔

作り方

野菜は　ブロッコリーは上段の「ブロッコリーサラダ」の作り方1と同様にする。ラディッシュは薄い輪切りにする。

あえる　ボウルにAを入れてよくまぜ合わせ、ブロッコリーを入れてあえる。

盛りつける　器に盛り、ラディッシュを添える。

ブロッコリーとカリフラワーの温サラダ

本格ドレッシングでレストランの味わい

100kcal	塩分0.9g	糖質3.8g

作り方

野菜は　ブロッコリーとカリフラワーは小房に切り分け、別々の鍋に沸かした熱湯でそれぞれ強火でゆでる。好みのかたさにゆで上がったらざるに上げる。

盛りつける　野菜はゆで汁をきって熱いうちに器に盛り、ゆで卵を散らし、よくまぜ合わせたAを回しかける。

材料（1人分）

ブロッコリー ………… ¼株（30g）
カリフラワー ………………… 60g
ゆで卵（みじん切り）……… ½個分

A ┌ 酢 ……………… 小さじ1
　├ 塩、こしょう ………… 各少々
　├ すりおろし玉ねぎ ‥ 小さじ2
　├ 粒マスタード ……… 小さじ1
　└ オリーブ油 ……… 小さじ½

サラダのスタンダード　グリーンサラダ

材料（1人分）

レタス	…………………	2枚（60g）
クレソン	……………	¼束（10g）
きゅうり	……………	¼本（25g）
ピーマン	……………	¼個（10g）

A
┌ 酢 ……………… 小さじ1
│ 塩、こしょう ……… 各少々
└ オリーブ油 …… 小さじ1 ½

70kcal
塩分0.8g
糖質1.9g

作り方

1　レタスは食べやすい大きさにちぎり、クレソンは葉先をつみとる。いっしょに冷水につけてシャキッとさせ、水けをよくきる。

2　きゅうりは3mm厚さの輪切りにし、ピーマンも2〜3mm幅の輪切りにする。

3　小さなボウルにAを入れてよくまぜ、フレンチドレッシングを作る。

4　1と2をさっくりと合わせて器に盛り、3を回しかける。

焼きのりをのせて和風にアレンジ　レタスとのりのサラダ

70kcal
塩分0.9g
糖質2.6g

材料（1人分）

レタス	…………………	2枚（60g）
玉ねぎ	…………………………	20g
焼きのり	…………………………	1枚

A
┌ 酢 ……………………… 小さじ1
│ しょうゆ ………… 小さじ1
└ 植物油 ………… 小さじ1

作り方

野菜は　レタスは上段の「グリーンサラダ」の作り方1と同様にする。玉ねぎは薄切りにして15分ほど水につけ、キッチンペーパーで水けをとる。

焼きのりは　細切りにする。

盛りつける　野菜をさっくりと合わせて器に盛り、よくまぜ合わせたAを回しかけ、焼きのりをのせる。

さやいんげんのピーナッツバターあえ
市販のピーナッツバターでお手軽に

材料（1人分）

さやいんげん	……………	7本

A
┌ ピーナッツバター（市販品）
│ …………… 小さじ1½
│ 砂糖 …………… 小さじ½
└ しょうゆ ………… 小さじ½

70kcal
塩分0.5g
糖質4.1g

作り方

1　さやいんげんは筋をとり、鍋に沸かした熱湯でやや
　しんなりするまで強火でゆでる。水にとって冷ま
　し、水けをきって3〜4cm長さに切る。

2　Aをボウルに入れてよくまぜ合わせ、1をあえる。

アドバイス ピーナッツバターは、粒がまじっていない
ペーストタイプを使っています。ピーナッツ
バターを、同量の練りごまにかえてもかまいません。

小松菜のピーナッツバターあえ　さやいんげんを小松菜にかえたバリエーション

60kcal
塩分0.7g
糖質3.0g

材料（1人分）

小松菜 …………… 2株（60g）
落花生（いったもの） ………… 1粒

A
┌ ピーナッツバター（市販品）
│ …………… 小さじ1
│ しょうゆ、酢 …… 各小さじ½
│ 砂糖 …………… 小さじ½
└ 塩 …………………… 少々

作り方

小松菜は　根元を切り落とし、鍋に沸かした熱湯でし
　んなりするまで強火でゆでる。水にとって冷まし、
　水けをしぼって3cm長さに切る。

落花生は　薄皮をとってあらいみじん切りにする。

あえる　ボウルにAを入れてよくまぜ合わせ、ここに
　小松菜を入れてあえる。

盛りつける　器に盛り、落花生を散らす。

三色ナムル
ピリ辛だれであえる韓国風あえ物

70kcal
塩分1.1g
糖質4.0g

材料（1人分）

にら ………………… ½束（50g）
もやし ……………… ⅕袋（50g）
にんじん …………… 1㎝（10g）

A
┌ しょうゆ ………… 小さじ1
│ 酢、砂糖 ……… 各小さじ½
│ 豆板醤 ……………………… 少々
│ 長ねぎ（みじん切り）…… 1㎝分
└ ごま油 …………… 小さじ1

作り方

1 にらは鍋に沸かした熱湯でしんなりするまで強火でゆで、水にとって冷まし、水けをしぼって3㎝長さに切る。

2 もやしはひげ根をつみとり、熱湯でさっと強火でゆでてざるに上げ、冷ます。

3 にんじんは細切りにして、熱湯でしんなりするまで強火でゆで、ざるに上げて冷ます。

4 ボウルにAを合わせてまぜ、たれを作る。

5 4を3等分にし、1と2、3をそれぞれあえて器に盛り合わせる。

アドバイス にらのかわりに同量の春菊を使ってもかまいません。また、好みで、たれの中におろしにんにく少々を加えてもよいでしょう。

春菊と豆もやしのナムル　野菜をかえ、隠し味をきかせたたれで

80kcal
塩分1.9g
糖質2.8g

材料（1人分）

春菊 ………………… ¼束（50g）
豆もやし …………………… 60g

A
┌ すり白ごま ……… 小さじ1
│ みそ ……………… 小さじ1
│ しょうゆ ………… 小さじ1
│ 砂糖 ……………… 小さじ⅓
│ おろしにんにく ……… 少々
└ 豆板醤 ……………………… 少々

作り方

野菜は　春菊はかたい根元を切り落とし、鍋に沸かした熱湯でしんなりするまで強火でゆで、水にとって冷ます。水けをよくしぼり、4〜5㎝長さに切る。豆もやしはひげ根をつみとり、鍋に沸かした熱湯でかために強火でゆで、ざるに上げて冷ます。

あえる　ボウルにAを入れてよくまぜ合わせ、2等分にして、春菊と豆もやしをそれぞれあえる。

春菊のごまあえ
香りのよいあえ衣であえる人気の和のおかず

材料（1人分）

			80kcal
春菊	¼束（50g）		塩分0.7g
			糖質2.4g

A ┌ すり白ごま …… 大さじ½
　├ しょうゆ …… 小さじ⅔
　└ 砂糖 ……… 小さじ⅔

作り方

1　春菊は、鍋に沸かした熱湯で強火でしんなり
　するまでゆで、水にとって冷ます。水けをよ
　くしぼり、3～4cm長さに切る。

2　ボウルにAを入れてよくまぜ合わせ、あえ衣
　を作る。

3　2に1を入れてあえる。

アドバイス あえ衣に使うごまは、白でも黒でも好み
でかまいません。すりごまは、洗いごまを
いってすり鉢ですって使うと、既製品にはない格別の
味と香りを楽しめます。

ほうれんそうのごまあえ　ほうれんそうを黒ごまで

60kcal	材料（1人分）	
塩分0.6g	ほうれんそう ………	2株（60g）
糖質3.3g		

A ┌ すり黒ごま ……… 小さじ1
　├ 薄口しょうゆ …… 小さじ⅔
　└ 砂糖 …………… 小さじ1
いり黒ごま …………… 小さじ⅓

作り方

ほうれんそうは　鍋に沸かした熱湯でしんなりする
　まで強火でゆで、水にとって冷ます。水けをしぼ
　って、3～4cm長さに切る。

あえる　ボウルにAを入れてよくまぜ合わせ、ここに
　ほうれんそうを入れてあえる。

盛りつける　器に盛り、いりごまを散らす。

さやいんげんのごまあえ　さやいんげんを白ごまで

70kcal　塩分0.6g　糖質4.3g

材料（1人分）

さやいんげん……………… 7本

A ┌ すり白ごま…… 小さじ1½
　│ しょうゆ………… 小さじ⅔
　└ 砂糖 …………… 小さじ1

作り方

さやいんげんは　筋をとり、鍋に沸かした熱湯でしんなりするまで強火でゆでる。水にとり、冷ましてざるに上げ、長さを3〜4等分に切る。

あえる　ボウルにAを入れてよくまぜ合わせ、ここにさやいんげんを入れてあえる。

クレソンのごまあえ　クレソンを白ごまで

50kcal　塩分0.6g　糖質3.3g

材料（1人分）

クレソン ……… 1束（40g）

A ┌ すり白ごま‥ 小さじ1
　│ しょうゆ…… 小さじ⅔
　└ 砂糖 ……… 小さじ1

作り方

クレソンは　根元を切り落とし、鍋に沸かした熱湯でしんなりするまで強火でゆでる。水にとって冷まし、水けをしぼって3cm長さに切る。

あえる　ボウルにAを入れてよくまぜ合わせ、ここにクレソンを入れてあえる。

チンゲン菜と鶏肉のごまあえ

70kcal　塩分1.0g　糖質2.0g

鶏肉も加えて中華風のアレンジで

材料（1人分）

チンゲン菜 ……… 1株（100g）
鶏胸肉（皮なし）………… 30g

A ┌ すり白ごま…… 小さじ⅔
　│ しょうゆ……… 小さじ1
　└ 砂糖 ………… 小さじ½

アドバイス　鶏胸肉（皮なし）は、かわりに同量のもも肉（皮なし）やささ身を使ってもかまいません。また、チンゲン菜も、同量の白菜やほうれんそうにかえてもよいでしょう。

作り方

チンゲン菜は　1枚ずつ葉をはがし、葉と茎の部分に切り分けて、それぞれざく切りにする。鍋に沸かした熱湯に茎の部分を入れて強火で1分ほどゆでたあと、葉の部分も加えてしんなりするまでゆでる。水にとって冷まし、水けをきっておく。

鶏肉は　耐熱皿にのせてラップをかけ、電子レンジで1分ほど加熱する。とり出して少し冷まし、手でこまかく裂く。

あえる　ボウルにAを入れてよくまぜ合わせ、ここにチンゲン菜と鶏肉を入れてあえる。

もやしとちくわのごま酢あえ
酢を加えたあえ衣でさっぱりと味わう

70kcal
塩分0.7g
糖質6.3g

材料（1人分）

もやし	⅕袋（50g）
三つ葉	15g
青じそ	1枚
ちくわ	小½本（15g）
いり白ごま	小さじ1

A
- 酢 ………………… 大さじ1
- だし汁 ………… 小さじ1
- しょうゆ ……… 小さじ½
- 砂糖 ………… 小さじ1

作り方

1 もやしはひげ根をつみとり、鍋に沸かした熱湯でしんなりする程度に強火でさっとゆで、ざるに上げて水けをきる。

2 ちくわは縦半分に切って、端から斜め薄切りにする。

3 三つ葉は2cm長さに切る。

4 すり鉢にいりごまを入れて軽くすり、Aを加えてよくすりまぜる。

5 4の中に1〜3を入れてあえる。

6 器に青じそを敷き、5を盛る。

きゅうりと鶏肉のごま酢あえ
ヘルシーな食材を使ったアレンジ版

70kcal	塩分1.4g	糖質3.2g

材料（1人分）

きゅうり	1本（100g）
鶏ささ身	½本（20g）

A
- すり白ごま … 小さじ1
- 酢 ………… 小さじ2
- だし汁 ……… 大さじ1
- 砂糖 ……… 小さじ⅓
- 塩 ……………… 少々

作り方

きゅうりは　薄い輪切りにしてボウルに入れ、塩少々（分量外）を振ってしばらくおく。しんなりしたら水洗いして、軽く水けをしぼる。

鶏ささ身は　切り目を入れて白い筋を包丁でとり除く。これを鍋に沸かした熱湯で色が白く変わるまでゆで、冷めたら手で細く縦に裂く。

あえる　ボウルにAを入れてよくまぜ合わせ、ここにきゅうりとささ身を入れてあえる。

白菜とわかめのごま酢あえ
低エネルギーな食材を使ったバリエーション

60kcal	塩分0.3g	糖質5.3g

材料（1人分）

白菜	1枚（100g）
わかめ（もどしたもの）	20g

A
- すり白ごま … 小さじ1
- 酢 ………… 小さじ2
- 砂糖 ……… 小さじ1

作り方

白菜は　細切りにし、鍋に沸かした熱湯で歯ごたえが残る程度に強火でゆで、ざるに上げて水けをきっておく。

わかめは　ざく切りにする。

あえる　ボウルにAを入れてよくまぜ合わせ、ここに白菜とわかめを入れてあえる。

野菜の甘酢あえ
甘みをきかせた合わせ酢でおいしく

60kcal
塩分0.8g
糖質7.1g

材料（1人分）

キャベツ …………… ½枚（30g）
大根 …………………… 10g
きゅうり …………… ⅕本（20g）
にんじん …………… 1cm（10g）
A ┌ 酢 ……………… 小さじ2
　│ 塩 ………………… 少々
　│ 砂糖 …………… 大さじ½
　└ 植物油 ………… 大さじ¼

作り方

1 キャベツは2cm角に切り、大根とにんじんは2〜3mm厚さの短冊切りにする。きゅうりは薄いいちょう切りにする。
2 1をボウルに入れて塩少々（分量外）を振り、しばらくおく。しんなりしたら、水けをしぼる。
3 ボウルにAを合わせてよくまぜ合わせ、ここに2を入れてあえる。

白菜の中華風甘酢あえ　余った白菜で簡単に作れる一品

50kcal
塩分1.2g
糖質4.5g

材料（1人分）

白菜 ………………… 1枚（100g）
A ┌ 酢 ……………… 大さじ1
　│ 砂糖 …………… 小さじ⅔
　│ 赤とうがらし（小口切り）
　│ ………………………… 少々
　└ ごま油 ………… 小さじ½

作り方

白菜は　1.5cm幅のざく切りにし、ボウルに入れる。塩少々（分量外）を振ってしばらくおき、しんなりしたら水けをしぼる。

あえる　ボウルにAを入れてよくまぜ合わせ、ここに白菜を入れてあえる。

アドバイス 白菜をAに入れて小一時間ほどおくと、おいしさが増します。

きゅうりとたこの酢の物

さっぱりと味わう酢の物の極めつき

材料（1人分）

きゅうり	……………	½本(50g)
わかめ（もどしたもの）	………	10g
ゆでだこ	…………………	50g
A	酢 ……………………	小さじ1
	砂糖 ……………	小さじ½
	塩 …………………	少々

60kcal
塩分1.0g
糖質2.7g

作り方

1 きゅうりは縦半分に切ったあと、斜め薄切りにする。これをボウルに入れて塩少々（分量外）を振ってまぜ、しんなりするまでおく。水洗いして、水けを軽くしぼる。
2 ゆでだこは一口大の乱切りにする。
3 わかめはざく切りにする。
4 ボウルに**A**を入れてまぜ合わせ、**1〜3**をあえる。

きゅうりとかにの酢の物　たこをかににかえたバリエーション

60kcal
塩分1.4g
糖質2.7g

材料（1人分）

きゅうり	………………	½本(50g)
かに（水煮缶詰）	……………	30g
A	酢 ………………	小さじ1
	砂糖 …………	小さじ½
	しょうゆ…………	小さじ⅓
	しょうが汁 …………	少々
	ごま油…………	小さじ½

作り方

きゅうりは　薄い小口切りにしてボウルに入れ、塩少々（分量外）を振る。しんなりしたら、水洗いして水けをしぼる。

あえる　ボウルに**A**を入れてよくまぜ合わせ、ここにきゅうりとかにを入れてあえる。

きゅうりとたこの中華風酢の物　たれをかえて中華風にアレンジ

50kcal
塩分0.7g
糖質2.7g

材料（1人分）

きゅうり	½本（50g）
ゆでだこ	20g

A
酢	小さじ1
しょうゆ	小さじ⅔
砂糖	小さじ½
ごま油	小さじ½

作り方

きゅうりは　切り落とさない程度に端からこまかく切り目を入れていき、そのあと4〜5切れ分ずつ切り離す。

ゆでだこは　薄切りにする。

あえる　ボウルにAを入れてよくまぜ合わせ、ここにきゅうりとゆでだこを入れてあえ、少しおいて味をなじませる。

アドバイス ゆでだこのかわりに、蒸した同量の鶏胸肉（皮なし）や鶏ささ身を使ってもよいでしょう。

きゅうりとくらげの酢の物　たこをくらげにかえた中華風バリエーション

60kcal
塩分1.1g
糖質4.5g

材料（1人分）

きゅうり	½本（50g）
ラディッシュ	1個
くらげ（塩抜きしたもの）	40g

A
酢	小さじ2
しょうゆ	小さじ1
砂糖	小さじ1
スープ	小さじ1
ごま油	小さじ½

※スープは、鶏がらスープの素（顆粒）少々を湯小さじ1でといたもの。

作り方

野菜は　きゅうりは斜め薄切りにし、これをせん切りにする。ラディッシュもせん切りにする。

くらげは　食べやすい長さに切る。

あえる　ボウルにAを入れてよくまぜ合わせ、ここに野菜とくらげを入れてあえ、少しおいて味をなじませる。

カリフラワーのマリネ
マリネ液に漬け込んでさっぱりと味わう

材料（1人分）

カリフラワー	50g
にんじん	1cm（10g）
赤ピーマン	¼個（10g）
ロースハム	1枚（15g）

A
酢	大さじ½
塩	少々
黒こしょう	少々
オリーブ油	小さじ1

90kcal　塩分0.6g　糖質3.1g

作り方

1　カリフラワーは小房に切り分け、鍋に沸かした熱湯で中火で7〜8分ゆで、ざるに上げて水けをきっておく。

2　にんじんは薄い半月切り、赤ピーマンはあらいみじん切りにする。

3　ロースハムは小さめの三角に切る。

4　ボウルに**A**を入れてよくまぜ合わせ、フレンチドレッシングを作る。ここに**1**〜**3**を入れて全体をあえ、そのまま1時間ほどおいて味をなじませる。

ピーマンと赤ピーマンのマリネ
色鮮やかなピーマンの組み合わせで

50kcal
塩分1.0g
糖質4.9g

材料（1人分）

ピーマン	1個（40g）
赤ピーマン	40g
玉ねぎ	20g
セロリ	10g

A
スープ	¼カップ
酢	小さじ2
塩、こしょう	各少々
オリーブ油	小さじ½

※スープは、コンソメスープの素（顆粒）少々を湯¼カップでといたもの。

作り方

野菜は　ピーマンと赤ピーマンは縦半分に切ってヘタと種を除き、鍋に沸かした熱湯で強火でゆでる。しんなりしたらざるに上げて水けをきり、1cm幅に切る。玉ねぎとセロリはそれぞれみじん切りにする。

漬け込む　ボウルに**A**を入れてよくまぜ合わせ、マリネ液を作る。ここに野菜を入れてあえ、1時間以上漬け込む。

焼きアスパラの和風マリネ
しょうゆ風味のマリネ液に漬けて和風に

70kcal
塩分1.5g
糖質3.7g

材料（1人分）

グリーンアスパラガス	3本（60g）
玉ねぎ（みじん切り）	大さじ2
にんじん（みじん切り）	大さじ1
青じそ（せん切り）	1枚分

A
だし汁	大さじ1½
しょうゆ	大さじ½
酢	小さじ1
レモン汁	小さじ1
植物油	小さじ1
塩、こしょう	各少々

作り方

アスパラガスは　根元のかたい部分を切り落とし、ところどころ皮をむく。十分に熱した焼き網にのせ、中火でときどき回転させながら焦げ目がつくまで焼き、長さを2〜3等分に切る。

漬け込む　ボウルに**A**を入れてよくまぜ合わせ、マリネ液を作る。バットなどに、玉ねぎとにんじん、マリネ液を入れ、アスパラガスを熱いうちに漬け込んで、そのまま1時間ほどおく。

盛りつける　アスパラガスをマリネ液ごと器に盛り、青じそをのせる。

根菜類たっぷりの食べる汁物　けんちん汁

材料（1人分）

大根	20g
にんじん	1㎝(10g)
ごぼう	5㎝(15g)
里いも	⅓個(20g)
長ねぎ	⅙本(10g)
木綿豆腐	⅙丁(50g)
板こんにゃく	30g
だし汁	1カップ
しょうゆ	小さじ2
植物油	小さじ½

100kcal
塩分1.9g
糖質5.3g

作り方

1 木綿豆腐は、ボウルに重ねたざるにのせて自然に水抜きをしておく。

2 大根とにんじんはいちょう切りにする。ごぼうはささがきにし、水に5分ほどつけてアクを抜く。

3 里いもは輪切りにし、塩少々（分量外）を振ってもんでぬめりを出し、水で洗う。

4 長ねぎは1㎝幅に切る。

5 板こんにゃくは鍋に沸かした熱湯で1分ほど強火でゆで、2㎝角の薄切りにする。

6 鍋に植物油を入れて強火で熱し、2と3を軽く炒める。全体に油が回ったら5と4も加え、1を手でくずし入れてざっと炒め合わせる。

7 6にだし汁を入れて野菜がやわらかくなるまで弱めの中火で煮、しょうゆを加えて火を止める。

体が温まる具だくさんのおかず汁　のっぺい汁

90kcal
塩分1.7g
糖質8.2g

材料（1人分）

里いも	½個(30g)
大根、にんじん	各20g
さやいんげん	1本
干ししいたけ	1個
おろししょうが	少々
焼き豆腐	40g
だし汁	1½カップ
A ┌ しょうゆ、日本酒	各小さじ⅔
└ 塩	少々
B ┌ かたくり粉	小さじ½
└ 水	小さじ1

作り方

1 干ししいたけはもどし、軸を切り落として1㎝角に切る。

2 里いもと大根、にんじんは1㎝角に切り、里いもは塩少々（分量外）を振って軽くもんでぬめりを出し、水で洗う。さやいんげんは筋をとって1㎝幅に切る。

3 焼き豆腐も1㎝角に切る。

4 鍋にだし汁と1、2を入れて火にかけ、強火で煮る。煮立ったら弱火にして野菜がやわらかくなったら3を加える。

5 4にAを加えて味つけし、まぜ合わせたBを回し入れてとろみをつけ、火を止める。

6 5を椀に盛り、おろししょうがをのせる。

アドバイス 焼き豆腐は、同量の木綿豆腐にかえてもかまいません。

豚肉のコクが野菜にじんわりしみた とん汁

材料（1人分）

豚もも薄切り肉（赤身）	… 1枚（20g）
木綿豆腐	20g
大根	20g
にんじん	2cm（20g）
玉ねぎ	20g
里いも	½個（30g）
だし汁	1カップ
みそ	大さじ½
塩	少々

100kcal
塩分1.5g
糖質8.3g

作り方

1 大根とにんじんは、薄いいちょう切りにする。玉ねぎはくし形切りにして長さを半分に切る。
2 里いもは4～5mm厚さの輪切りにし、塩少々（分量外）を振って手でよくもんでぬめりを出し、水で洗う。
3 豚もも肉は1cm幅に切る。
4 鍋にだし汁と1、2を入れて強火にかけ、煮立ったら弱火にして野菜がやわらかくなるまで煮る。
5 4に3を加えて強火にし、木綿豆腐も手でくずし入れて一煮する。火を弱めてみそをとき入れ、塩で味をととのえて火を止める。

野菜それぞれのうまみがおいしいだしに 具だくさんのみそ汁風

80kcal
塩分1.2g
糖質5.6g

材料（1人分）

大根	30g
にんじん	1cm（10g）
里いも	⅓個（20g）
長ねぎ	⅙本（10g）
油揚げ	½枚（10g）
だし汁	½カップ
みそ	大さじ½
七味とうがらし	少々

作り方

1 大根は3～4mm厚さのいちょう切り、にんじんは同じ厚さの半月切りにする。
2 里いもは2～3mm厚さの輪切りにし、鍋に沸かした熱湯で1～2分ゆで、水にとってぬめりを洗い流し、ざるに上げる。
3 長ねぎは小口切りにする。
4 油揚げは熱湯をかけて油抜きをし、短冊切りにする。
5 鍋にだし汁と1と2を入れて強火にかけ、煮立ったら弱めの中火にして野菜がやわらかくなるまで煮、4を加える。
6 5にみそをとき入れ、3を加えて強火で一煮し、火を止める。
7 6を椀に盛り、七味とうがらしを振る。

野菜類の量が足りないときに
追加する小さなおかず

もう一品

この「もう一品」
（192〜217ページ）の中から
1品追加します。

本書では、1食分の献立を、主食に、主菜と副菜の2品のおかずをつける形で構成します。ただし、選んだ主菜料理に「野菜追加マーク」がついていたり、主菜料理のつけ合わせを省いたり、あるいは主菜と副菜だけではもの足りなかったりするときは、この「もう一品」の中から1品追加しましょう。

1食分はこのように選びます

主 菜
好みのものを1品
選びます（36〜
148ページ）

副 菜
好みのものを1品
選びます（150〜
190ページ）

もう一品

主 食
（24〜25ページ
参照）

汁 物
低エネルギーなも
のを1日1杯まで
（29ページ参照）

※このように組み合わせた献立を1日3食とるようにするほか、決められた量の牛乳・乳製品をとるようにします（26ページ参照）。

■材料の分量表示はすべて1人分です。
■記載のエネルギー量、塩分量、糖質量は、いずれも1人分あたりの目安です。エネルギー量は、一の位を四捨五入して10kcal刻みで示してあります。塩分量は、材料に含まれる食塩量（食塩相当量）のことです。糖質量は「利用可能炭水化物(質量計)」の数値を使用し、この数値の記載がない場合は「差引法による炭水化物」の数値を使用しています。

●材料の分量は、特に指定がない限り、原則として正味量（野菜ならヘタや皮などを除いた、純粋に食べられる量）で表示してあります。
●材料は、特に指定がない限り、原則として水洗いをすませ、野菜などは皮をむくなどの下ごしらえをしたものを使います。
●家族の分もまとめて作る場合は、材料の分量を人数分だけ掛け算してふやしてください。ただ、そうすると味が濃くなりがちなので、調味料は少なめにすることをおすすめします。

ほうれんそうのおひたし

材料（1人分）

ほうれんそう …………	2株（60g）
削りがつお …………	ひとつまみ

A ┌ だし汁 ………… 小さじ2
　└ しょうゆ ………… 小さじ½

20kcal
塩分0.4g
糖質0.2g

作り方

1 ほうれんそうは鍋に沸かした熱湯でしんなりするまで強火でゆで、水にとって冷まし、水けをしぼって3〜4cm長さに切る。

2 1を器に盛って削りがつおをのせ、まぜ合わせたAをかける。

アドバイス ほうれんそうのほかに、同量のつまみ菜、貝割れ菜、小松菜などの緑黄色野菜でも応用できます。

さやいんげんのおひたし

材料（1人分）

さやいんげん …………	7本（50g）
しょうゆ …………	小さじ½
削りがつお …………	ひとつまみ

20kcal
塩分0.4g
糖質1.1g

作り方

1 さやいんげんは筋をとり、鍋に沸かした熱湯でややしんなりするまで強火でゆでる。水にとって冷まし、水けをきって斜め切りにする。

2 ボウルに1を入れ、しょうゆと削りがつおの半量を加えてまぜる。

3 2を器に盛り、削りがつおの残りをのせる。

ほうれんそうとまいたけのおひたし

材料（1人分）

ほうれんそう …………	2株（60g）
まいたけ …………	⅓パック（30g）
しょうゆ …………	小さじ1

20kcal
塩分0.9g
糖質0.4g

作り方

1 ほうれんそうは上段の「ほうれんそうのおひたし」の作り方1と同様にする。

2 まいたけは小分けにし、鍋に沸かした熱湯でしんなりするまで強火でゆでてざるに上げ、冷ましておく。

3 ボウルに1と2を入れ、しょうゆも加えてよくまぜ、器に盛る。

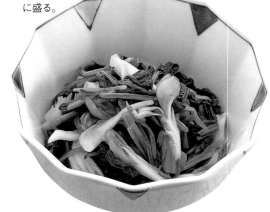

小松菜としめじのおひたし

材料（1人分）

小松菜	40g
しめじ	⅓パック（30g）
A ┌ だし汁	小さじ1
└ しょうゆ	小さじ⅔
いり白ごま	少々

20kcal
塩分0.6g
糖質0.6g

作り方

1　小松菜は鍋に沸かしたたっぷりの熱湯でしんなりするまで強火でゆで、水にとって冷まし、水けをしぽって3cm長さに切る。

2　しめじは根元を切り落として小分けにし、鍋に沸かした熱湯に入れ、再沸騰してしんなりしたらざるに上げて水けをきる。

3　1と2を合わせて器に盛り、まぜ合わせたAをかけ、いりごまを散らす。

にらともやしのおひたし

材料（1人分）

にら	⅓束（30g）
もやし	20g
しょうゆ	小さじ½
削りがつお	ひとつまみ

10kcal
塩分0.4g
糖質0.8g

作り方

1　にらは、鍋に沸かした熱湯で強火で20秒ほどゆでる。水にとって冷まし、水けをしぼって3cm長さに切る。

2　もやしはひげ根をつみとり、鍋に沸かした熱湯でさっと強火でゆで、ざるに上げて冷ます。

3　1と2を合わせて器に盛り、しょうゆをかけて、削りがつおをのせる。

三つ葉としめじのおひたし

材料（1人分）

三つ葉	¼束（50g）
しめじ	¼パック（25g）
しょうゆ	小さじ⅔
削りがつお	ひとつまみ

20kcal
塩分0.6g
糖質1.1g

作り方

1　根三つ葉は根元を切り落とし、鍋に沸かした熱湯に根元から入れ、ひと呼吸おいて葉先まで沈め、再沸騰してから強火で20秒ほどゆでる。しんなりしたら水にとって冷まし、水けをしぼって3〜4cm長さに切る。

2　しめじは根元を切り落として小分けにし、鍋に沸かした熱湯に入れて強火でゆで、再沸騰してしんなりしたら、ざるに上げて水けをきる。

3　ボウルに1と2を入れてざっとまぜ、器に盛って削りがつおをのせる。食べる直前にしょうゆをかける。

ほうれんそうののりあえ

材料（1人分）

		20kcal
ほうれんそう ………… 2株（60g）		塩分0.4g
A ┌しょうゆ ………… 小さじ½		糖質0.2g
└だし汁 …………… 小さじ1		
焼きのり ……………………… ⅓枚		

作り方

1 ほうれんそうは鍋に沸かした熱湯に茎のほうから先に入れ、しんなりするまで強火でゆでる。水にとって冷まし、水けをしぼって3〜4cm長さに切る。

2 ボウルにAを合わせてまぜ、1を入れてあえる。

3 2に焼きのりを手で小さくちぎって加え、軽くまぜて器に盛る。

アドバイス ほうれんそうのかわりに、同量の小松菜やチンゲン菜、貝割れ菜、菜の花などの野菜を使ってもかまいません。
焼きのりの分量は、好みでふやすことができます。ただし、味つけのりには塩分が含まれているので、焼きのりを使うようにしましょう。

オクラのもみのりあえ

材料（1人分）

		20kcal
オクラ ……………………… 5本		塩分0.6g
A ┌しょうゆ ………… 小さじ⅔		糖質1.1g
└だし汁 …………… 小さじ1		
焼きのり ……………………… ⅓枚		

作り方

1 オクラはさっと水で洗い、塩少々（分量外）を振って、手で軽くこすってうぶ毛をとる。

2 鍋に沸かした熱湯に1を入れて1〜2分強火でゆで、水にとって冷ます。ヘタを切り落とし、3mm幅の小口切りにする。

3 2をボウルに入れてAを加え、焼きのりを手で小さくちぎって入れて全体にあえる。

三つ葉としめじの磯あえ

材料（1人分）

		10kcal
三つ葉 …………………………50g		塩分0.4g
しめじ …………………………10g		糖質0.2g
A ┌しょうゆ ………… 小さじ½		
└酢 ……………… 小さじ½		
焼きのり ……………………… ⅓枚		

作り方

1 三つ葉は鍋に沸かした熱湯で強火でさっとゆで、しんなりしたら水にとって冷ます。水けをしぼり、3cm長さに切る。

2 しめじは根元を切り落として小分けにし、熱湯でしんなりするまで強火でゆでてざるに上げ、水けをきっておく。

3 ボウルにAを合わせてまぜ、1と2を入れてあえる。器に盛る直前に焼きのりを手で小さくちぎって加え、全体にあえて器に盛る。

にんじんのごまあえ

材料（1人分）

にんじん ………………	4㎝（40g）	

A
- すり白ごま ……… 小さじ⅓
- しょうゆ ………… 小さじ½
- 砂糖 ……………… 小さじ½
- だし汁 …………… 小さじ1

30kcal
塩分0.4g
糖質3.8g

作り方

1　にんじんはせん切りにし、鍋に沸かした熱湯でややしんなりするまで強火でゆで、ざるに上げて水けをきっておく。

2　ボウルにAを入れてよくまぜ合わせ、1を入れてあえる。

アスパラのごまみそあえ

材料（1人分）

グリーンアスパラガス… 2本（40g）

A
- すり白ごま ……… 小さじ⅓
- 白みそ …………… 小さじ⅓
- 薄口しょうゆ……… 小さじ⅓
- 砂糖 ……………… 小さじ⅓

いり白ごま………………… 少々

30kcal
塩分0.4g
糖質2.6g

作り方

1　グリーンアスパラガスは根元を切り落とし、茎のかたい部分は皮をむいて斜め薄切りにする。これを鍋に沸かした熱湯でしんなりするまで強火でゆで、ざるに上げて冷ましておく。

2　ボウルにAを入れてよくまぜ合わせ、1を入れてあえる。

3　2を器に盛り、いりごまを振りかける。

タアサイのごままぶし

材料（1人分）

タアサイ ………………………60g

A
- しょうゆ ………… 小さじ½
- ごま油 …………… 小さじ¼

いり白ごま………………… 少々

20kcal
塩分0.5g
糖質0.4g

作り方

1　タアサイは根元を切り落とし、鍋に沸かしたたっぷりの熱湯に茎のほうから入れて強火でゆで、ややしんなりしたら葉も沈めて2分ほどゆでる。水にとって冷まし、水けをしぼって3〜4㎝長さに切る。

2　ボウルにAを合わせてまぜ、1を入れてあえる。

3　2を器に盛り、いりごまを散らす。

アドバイス タアサイが手に入らない場合は、同量のチンゲン菜や小松菜で代用してもかまいません。

なすとみょうがのおかかあえ

材料（1人分）

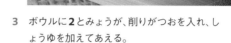

なす ………………… 1個（70g）
みょうが（せん切り）……… ½個分
青じそ（せん切り）………… 1枚分
おろししょうが……………… 少々
削りがつお …………… ひとつまみ
しょうゆ……………… 小さじ½
いり白ごま…………………… 少々

20kcal
塩分0.4g
糖質1.8g

作り方

1 なすは皮のところどころにフォークなどで
穴をあけ、焼き網にのせて、強めの中火で焼
き始める。皮が黒く焦げてきたらなすを回転
させ、皮全体がまんべんなく焦げてしんなり
するまで焼く。

2 1のヘタを切り落とし、皮をむいて、縦に裂く。

3 ボウルに2とみょうが、削りがつおを入れ、し
ょうゆを加えてあえる。

4 3を器に盛り、青じそとおろししょうがをの
せ、いりごまを散らす。

オクラのおかかあえ

材料（1人分）

オクラ…………………… 4本
削りがつお …………… ひとつまみ
A しょうゆ……………… 小さじ½
だし汁…………… 小さじ1

20kcal
塩分0.4g
糖質0.8g

作り方

1 オクラはさっと水で洗い、塩少々（分量外）を振って、
手で軽くこすってうぶ毛をとる。

2 鍋に沸かした熱湯に1を入れて1〜2分強火でゆで、
水にとって冷ます。ヘタを切り落とし、3mm幅の小
口切りにする。

3 2をボウルに入れ、削りがつおとAを加えてあえる。

なすのおかかあえ

材料（1人分）

なす ………………… 1個（70g）
削りがつお …………… ひとつまみ
A しょうゆ………… 小さじ⅔
だし汁………… 小さじ2
粉わさび……………… 少々

20kcal
塩分0.6g
糖質2.3g

作り方

1 なすはヘタを切り落として1個の長さを半分に切り、
皮つきのまま縦7〜8mm幅に切って水につける。

2 1を鍋に沸かした熱湯で2分ほど強火でゆでてざるに
上げ、広げて冷ます。

3 2の水けをよくしぼってボウルに入れ、削りがつおと
Aを加えてあえる。

菜の花のからしじょうゆあえ

材料（1人分）

菜の花 ················· ¼束（50g）

A ┌ しょうゆ ············ 小さじ½
  │ だし汁 ············· 小さじ1
  └ 練りがらし ··············· 少々

20kcal
塩分0.4g
糖質1.5g

作り方

1　菜の花は根元を切り落とし、鍋に沸かしたたっぷりの熱湯に、茎のかたい部分から入れて強火でゆでる。再沸騰して10秒ほどしたらざるに上げ、広げて冷ます。水けをしぼり、2～3cmくらいの食べやすい長さに切る。

2　ボウルにAを入れてよくまぜ合わせ、1を入れてあえる。

昆布とせん切り野菜のからしじょうゆあえ

材料（1人分）

昆布 ····················· 3cm
大根 ····················· 30g
にんじん ············· 1cm（10g）
ピーマン ············· ½個（20g）

A ┌ しょうゆ ············ 小さじ½
  │ 酢 ················· 小さじ1
  │ 砂糖 ··············· 小さじ⅓
  └ 練りがらし ··············· 少々

20kcal
塩分0.5g
糖質3.2g

作り方

1　鍋に沸かした熱湯に昆布を入れ、やわらかくなるまで強火でゆでて冷まし、細切りにする。

2　大根とにんじん、ピーマンは、長さと太さをそろえたせん切りにし、鍋に沸かした熱湯でさっと強火でゆでてざるに上げる。

3　ボウルにAを入れてよくまぜ合わせ、1と水けをきった2を入れて全体をあえる。

キャベツと桜えびのからしじょうゆあえ

材料（1人分）

キャベツ ·············· 1枚（60g）
干し桜えび ········ 大さじ1（3g）

A ┌ しょうゆ ············ 小さじ½
  │ だし汁 ············· 小さじ1
  └ ときがらし ··············· 少々

30kcal
塩分0.5g
糖質2.3g

作り方

1　キャベツは2～3cm角に切り、鍋に沸かした熱湯でしんなりするまで強火でゆで、水にとって冷ます。

2　ボウルにAを入れてよくまぜ合わせ、ここに干し桜えびと水けをしぼった1を入れてあえる。

アドバイス　干し桜えびのかわりに同量のしらす干し、またからしじょうゆのかわりにレモンじょうゆにしてもかまいません。

大根の梅あえ

材料（1人分）

大根	50g
青じそ（せん切り）	1枚分
梅肉	⅕個分（2g）
だし汁	小さじ1

10kcal
塩分0.7g
糖質1.4g

※梅肉は、梅干しから種を除いたもの。

作り方

1 大根は2〜3mm厚さのいちょう切りにし、ボウルに入れる。これに塩（分量外）を振ってしんなりさせ、水洗いして軽くしぼる。
2 梅肉は、包丁であらくたたいておく。
3 ボウルにだし汁と**2**を合わせてまぜ、**1**と青じそを入れてあえる。

にがうりの梅あえ

材料（1人分）

にがうり	¼本（50g）
梅肉	⅓個分（3g）
A しょうゆ	小さじ⅓
みりん	小さじ½
日本酒	小さじ½

20kcal
塩分0.8g
糖質1.1g

※梅肉は、梅干しから種を除いたもの。

作り方

1 にがうりは縦半分に切り、わたと種をスプーンでかきとったものを用意する。端から薄切りにして、鍋に沸かした熱湯でさっと強火でゆで、ざるに上げて冷ましておく。
2 梅肉は、包丁でこまかくたたいてペースト状にする。
3 ボウルに**A**と**2**を入れてよくまぜ合わせ、**1**を入れてあえる。

もやしと三つ葉の梅あえ

材料（1人分）

もやし	⅕袋（50g）
三つ葉	10g
梅肉	⅓個分（3g）
A しょうゆ	小さじ¼
だし汁	小さじ1
みりん	小さじ¼

20kcal
塩分0.7g
糖質1.2g

※梅肉は、梅干しから種を除いたもの。

作り方

1 もやしはひげ根をつみとり、鍋に沸かした熱湯でさっと強火でゆでて水にとり、ざるに上げて水けをきっておく。
2 三つ葉も熱湯でさっと強火でゆで、水にとって冷まし、水けをしぼって3cm長さに切る。
3 すり鉢に梅肉を入れてすりこ木で軽くすりつぶし、**A**を加えてよくすりまぜる。
4 **3**に、**1**と**2**を入れてあえる。

ピーマンの酢みそあえ

材料（1人分）

ピーマン	……………	1個（40g）

20kcal
塩分0.2g
糖質2.2g

	みそ	……………	小さじ⅓
A	酢	……………	小さじ⅔
	砂糖	……………	小さじ⅓

作り方

1　ピーマンは縦半分に切ってヘタと種を除き、細切りにする。これを鍋に沸かした熱湯でしんなりするまで強火でゆで、水にとって冷まし、水けをきる。

2　ボウルにAを入れてよくまぜ合わせ、1を入れてあえる。

うどのからし酢みそあえ

材料（1人分）

うど	……………………	40g

30kcal
塩分0.5g
糖質3.9g

	白みそ	…………	大さじ½
A	酢	……………	小さじ½
	砂糖	…………	小さじ¼
	ときがらし	…………	少々

作り方

1　うどは2〜3㎝長さに切って皮を厚くくるりとむき、拍子木に切って酢少々（分量外）を加えた水に15分ほどつける。

2　ボウルにAを入れてよくまぜ合わせ、からし酢みそを作る。

3　2に、水けをきった1を入れてあえる。

かぶの酢みそがけ

材料（1人分）

かぶ	…………………	½個（40g）
かぶの葉	………………	10g

20kcal
塩分0.2g
糖質3.4g

	みそ（甘口）	………	小さじ⅔
A	酢	……………	小さじ⅔
	みりん	…………	小さじ⅓

作り方

1　かぶの葉は鍋に沸かした熱湯でさっと強火でゆで、水にとって冷ます。水けをしぼって、3〜4㎝長さに切る。

2　かぶは茎を少し残して皮をむき、4〜6等分のくし形に切る。これを、鍋に沸かした熱湯で竹串が通るまで強火でゆでる。

3　小さなボウルにAを入れて、みそがなめらかになるまでよくまぜ合わせる。

4　1と2を器に盛りつけ、3をかける。

オクラの長いもあえ

材料（1人分）

オクラ	3本
長いも	20g
刻みのり	少々
しょうゆ	小さじ⅔

30kcal
塩分0.6g
糖質3.3g

作り方

1　オクラはさっと水で洗い、塩少々（分量外）を振って、手で軽くこすってうぶ毛をとる。これを鍋に沸かした熱湯で1〜2分強火でゆで、水にとって冷ます。ヘタを切り落とし、2〜3mm幅の小口切りにする。

2　長いもはラップに包み、すりこ木で軽くたたいてあらくくずす。

3　ボウルに1と2を入れてよくまぜ合わせ、器に盛る。食べる直前にしょうゆをかけ、刻みのりをのせる。

オクラと長ねぎのポン酢かけ

材料（1人分）

オクラ	3本
長ねぎ（白い部分）	3cm
A ┌ しょうゆ	小さじ½
└ レモンまたはゆずのしぼり汁	小さじ½

10kcal
塩分0.4g
糖質0.9g

作り方

1　オクラは上段の「オクラの長いもあえ」の作り方1と同様にしてゆでたあと、斜め切りにする。

2　長ねぎは縦に切り目を入れてしんを除き、白い部分だけをせん切りにして水につけ、シャキッとさせて水けをきっておく。

3　Aを小さなボウルに合わせてまぜ、ポン酢しょうゆを作る。

4　1と2をさっくりとまぜて器に盛り、3を回しかける。

アドバイス レモンまたはゆずのしぼり汁は、かぼすのしぼり汁または酢にかえてもかまいません。

オクラとモロヘイヤのあえ物

材料（1人分）

オクラ	1本（10g）
モロヘイヤ	40g
しょうが（せん切り）	少々
A ┌ だし汁	小さじ1
└ しょうゆ	小さじ½

20kcal
塩分0.4g
糖質0.2g

作り方

1　オクラは上段の「オクラの長いもあえ」の作り方1と同様にする。

2　モロヘイヤは鍋に沸かした熱湯で強火でゆで、茎がしんなりしたら水にとって冷ます。水けをしぼり、1cm幅くらいに刻む。

3　Aをボウルに合わせてまぜ、1と2を入れてあえる。

4　3を器に盛り、上にしょうがをのせる。

もやしのカレー風味

材料（1人分）

もやし	………………………	60g

A
- カレー粉 ………… 小さじ⅓
- 酢 ……………… 小さじ1
- 砂糖 …………… 小さじ½
- 塩、こしょう ……… 各少々

20kcal
塩分0.6g
糖質2.7g

作り方
1　もやしはひげ根をつみとって鍋に沸かしたたっぷりの熱湯に入れ、強火でさっとゆでてざるに上げ、水けをきる。
2　ボウルにAを入れてよくまぜ合わせ、1を入れてあえる。
3　あれば皿にレタスをちぎってのせ、2を盛りつける。

ここに注目　カレー粉の辛みと香りを生かすことで味に変化がつき、塩分を控えてもおいしくいただけます。

もやしと青じそのおかかじょうゆ

材料（1人分）

もやし ………………… ¼袋（50g）
青じそ（せん切り） ………… 2枚分
削りがつお ………………… 適量

A
- しょうゆ ………… 小さじ⅔
- だし汁 ………… 小さじ1

20kcal
塩分0.6g
糖質0.8g

作り方
1　もやしは上段の「もやしのカレー風味」の作り方1と同様にする。
2　ボウルに1と青じそ、削りがつおを入れてさっくりまぜ、Aであえる。

アドバイス　もやしは火が通りやすいので、シャキッとした歯ごたえを残すためには、ゆですぎないように気をつけましょう。強火の火かげんで、一煮立ち（ほぼ5〜6秒）で火が通ります。

もやしのナムル

材料（1人分）

もやし ……………………… 60g

A
- しょうゆ ………… 小さじ⅔
- 豆板醤 ……………… 少々
- ごま油 ………… 小さじ¼

20kcal
塩分0.8g
糖質0.9g

作り方
1　もやしは上段の「もやしのカレー風味」の作り方1と同様にする。
2　ボウルにAを入れてよくまぜ合わせ、1を入れてあえる。

アドバイス　もやしのかわりに、せん切りにしたきゅうり50gや、ゆでてざく切りにしたほうれんそう80gをAであえてもおいしく食べられます。

ブロッコリーの酢じょうゆあえ

材料（1人分）

ブロッコリー …………	½株（60g）	
A	酢 …………………	小さじ½
	しょうゆ …………	小さじ½
	だし汁 ……………	小さじ1

30kcal
塩分0.4g
糖質1.5g

作り方

1　ブロッコリーは小房に切り分け、鍋に沸かした熱湯で好みのかたさに強火でゆでてざるに上げ、広げて冷ます。
2　ボウルにAを入れ、よくまぜ合わせる。
3　2に1を入れてあえ、器に盛る。

参考メモ　ブロッコリーにはビタミンCが非常に多く、いちごの2倍、みかんの4倍も含み、ブロッコリーを約60g食べると、1日に必要なビタミンCがとれます。ほかにカロテンも豊富で、鉄分やカルシウム、カリウム、リンなどの栄養素はほかの野菜とけた違いに多く含まれます。積極的に食卓にのせてほしい、栄養価にすぐれた緑黄色野菜のひとつです。

クレソンのレモンじょうゆあえ

材料（1人分）

クレソン ………………	4本（40g）	
A	しょうゆ …………	小さじ½
	レモンのしぼり汁 ………	少々
レモンの皮（せん切り）………	少々	

10kcal
塩分0.4g
糖質0.2g

作り方

1　クレソンは、茎はざく切りにし、葉はつみとる。鍋に沸かした熱湯に茎の部分を先に入れ、一呼吸おいて葉も加え、強火でさっとゆでる。すぐ水にとって冷まし、水けをよくしぼる。
2　ボウルにAを合わせてまぜ、1を入れてあえる。
3　2を器に盛り、レモンの皮を散らす。

焼きしいたけと三つ葉の酢じょうゆ

材料（1人分）

生しいたけ…………………	3個	
三つ葉 ……………………	3本	
A	しょうゆ…………	小さじ½
	酢 …………………	小さじ½

10kcal
塩分0.4g
糖質0.4g

作り方

1　生しいたけは石づきを切り落とし、軸も長いものは半分くらい切り落とす。
2　焼き網を強火にかけてよく熱し、1をひだがあるほうを下にしてのせ、焼き色がつくまで弱めの火かげんで焼く。裏返して笠側も同様に焼き、1個を4等分に切る。
3　三つ葉は根を切り落として鍋に沸かした熱湯でさっと強火でゆで、水にとって冷まし、水けをしぼって3cm長さに切る。
4　ボウルにAを合わせてまぜ、2と3を入れてあえる。

きゅうりとわかめの酢の物

材料（1人分）

きゅうり………………… ⅓本（30g）
みょうが（せん切り）……… ½個分
カットわかめ…… ひとつまみ（1g）
塩……………………………… 少々

A
┌ 酢…………………… 小さじ2
│ 砂糖………………… 小さじ½
└ 塩…………………………… 少々

20kcal
塩分0.7g
糖質2.4g

作り方

1　きゅうりは薄い輪切りにし、塩を振って軽くもみ、
　　しんなりさせる。
2　カットわかめはもどし、水けをきっておく。
3　ボウルにAを入れてよくまぜ、合わせ酢を作る。
　　ここに軽く水けをきった1と2を入れてあえる。
4　3を器に盛り、みょうがを散らす。

三色酢の物

材料（1人分）

かぶ………………… 小½個（30g）
きゅうり……………………10g
にんじん………………………5g
塩……………………………… 少々

A
┌ 酢…………………… 小さじ1
└ 砂糖………………… 小さじ⅔

20kcal
塩分0.5g
糖質3.7g

作り方

1　かぶとにんじんは2～3mm厚さのいちょう切りにする。
2　きゅうりは薄い輪切りにする。
3　ボウルに1と2を入れて塩を振り、手でもんで、出てきた
　　水けをしぼる。
4　別のボウルにAを合わせてまぜ、3を入れてあえる。

わかめとじゃこの酢の物

材料（1人分）

わかめ（もどしたもの）…………20g
ちりめんじゃこ…… 大さじ1（6g）
しょうが（せん切り）… 薄切り2枚分

A
┌ 酢………………… 小さじ1
│ 砂糖……………… 小さじ½
│ 塩……………………… 少々
└ だし汁…………… 大さじ1

20kcal
塩分0.9g
糖質2.0g

作り方

1　わかめはざく切りにする。
2　ボウルにAを入れてまぜ合わせ、1とちりめんじ
　　ゃこを入れてあえる。
3　2を器に盛り、上にしょうがをのせる。

切り干し大根の三杯酢

材料（1人分）

切り干し大根（乾燥）	…………	8g
青じそ（せん切り）	…………	1枚分

A	酢	…………	大さじ½
	しょうゆ	…………	小さじ⅔
	砂糖	…………	小さじ⅓
	だし汁	…………	大さじ½

30kcal
塩分0.6g
糖質5.4g

作り方

1 切り干し大根はやわらかくもどす。

2 ボウルにAを入れてよくまぜ合わせ、水けを
しぼった1を入れて、15〜20分ほどおく。

3 2に青じそを加えてまぜ、器に盛る。

ここに注目 切り干し大根は、酢の物やサラダにする
と煮物より塩分が控えられ、目先も変わ
るので、おすすめの料理法です。

かぶと昆布の三杯酢

材料（1人分）

かぶ	…………	1個（80g）
昆布	…………	3cm

A	酢	…………	小さじ1
	しょうゆ	…………	小さじ1
	砂糖	…………	小さじ½
	だし汁	…………	小さじ1

30kcal
塩分1.0g
糖質5.2g

作り方

1 かぶは茎を1.5cmほど残して葉を切り落とし、縦半
分に切ったあと端から薄切りにする。

2 昆布は水につけて、しんなりしたら引き上げてごく
細く切る。

3 ボウルにAを合わせてよくまぜ、1と2を入れて
全体によくからませて30分ほどおく。かぶがや
やしんなりしたところで器に盛る。

えのきときくらげの三杯酢

材料（1人分）

えのきだけ	…………	½袋（50g）
きくらげ（乾燥）	…………	2枚
絹さや	…………	2枚

A	酢	…………	小さじ1
	しょうゆ	…………	小さじ½
	砂糖	…………	小さじ½
	だし汁	…………	小さじ1

30kcal
塩分0.6g
糖質2.5g

作り方

1 えのきだけは根元を切り落とし、鍋に沸かした熱湯でさっ
と強火でゆでる。しんなりしたらざるに上げて冷まし、長
さを3等分に切る。

2 きくらげはもどし、石づきを切り落としてせん切りにする。

3 絹さやは筋をとり、強火にかけた熱湯でさっと強火でゆで
て、せん切りにする。

4 ボウルにAを入れてよくまぜ合わせ、1〜3を入れてあえる。

カリフラワーとにんじんのピクルス

材料（1人分）

カリフラワー	40g
セロリ	10g
にんじん	2cm（20g）
ローリエ	½枚

A
- 酢 …… 大さじ1½
- 砂糖 …… 小さじ⅔
- 塩、こしょう …… 各少々
- 水 …… 大さじ2

30kcal
塩分0.7g
糖質5.0g

作り方

1　カリフラワーは小房に分けて水に10分ほどつけ、水けをきる。

2　セロリは筋をとって1.5cm幅くらいの斜め切りにする。

3　にんじんは1cm厚さのいちょう切りにする。

4　鍋に**A**とローリエを入れて強火で煮立て、砂糖がとけたら火を止める。

5　**1**〜**3**をボウルに入れ、熱々の**4**を回しかけ、全体になじませて1時間ほどおく。

アドバイス　ピクルスは冷蔵庫で1週間くらい保存できるので、多めに作っておくと野菜補給のための常備菜として便利です。

カリフラワーのピクルス

材料（1人分）

カリフラワー	50g

A
- 酢 …… 大さじ1
- 砂糖 …… 小さじ1
- 塩 …… 少々
- 赤とうがらし（小口切り）‥ 少々

30kcal
塩分0.5g
糖質5.1g

作り方

1　ボウルに**A**を入れて、よくまぜ合わせておく。

2　カリフラワーは小房に分け、塩少々（分量外）を入れた熱湯で強火でややわらかくゆで、ざるに上げる。

3　**2**が熱いうちに**1**に漬け込み、全体に味がなじむまでしばらくおく。

カリフラワーのカレーピクルス

材料（1人分）

カリフラワー	50g

A
- 酢 …… 大さじ1
- 砂糖 …… 小さじ1
- 塩 …… 少々
- カレー粉 …… 少々
- 水 …… 大さじ2

30kcal
塩分0.5g
糖質5.1g

作り方

1　カリフラワーは「カリフラワーとにんじんのピクルス」の作り方1と同様にする。

2　鍋に**A**を入れて強火で煮立て、砂糖と塩がとけたら火を止める。

3　**1**をボウルに入れ、熱々の**2**を回しかけ、半日ほどおいて味を含ませる。

キャベツの甘酢漬け

材料（1人分）

キャベツ ·················· 1枚（60g）

A
- だし汁 ·············· 大さじ1
- 酢 ···················· 小さじ2
- 砂糖 ················· 小さじ½
- 塩 ···················· 少々

20kcal
塩分0.5g
糖質3.9g

作り方

1 キャベツは食べやすい大きさのざく切りにする。

2 鍋にAを合わせて火にかけ、一煮立ちして砂糖がとけたら火を止める。

3 1をボウルに入れ、熱々の2をかけてしばらくおく。

4 キャベツがややしんなりしたら、漬け汁を軽くしぼって器に盛る。

ここに注目 和・洋・中のどんな主菜にも合う、サラダ感覚のさっぱりとした一品です。巻きがゆるくて葉のやわらかい春キャベツで作るとおいしくできます。

セロリの甘酢漬け

材料（1人分）

セロリ ··············· ½本（40g）
赤とうがらし（小口切り）·· 少々
セロリの葉 ················ 少々

A
- 酢 ·············· 小さじ2
- 砂糖 ··········· 小さじ1
- 塩 ················ 少々

20kcal
塩分0.2g
糖質3.8g

作り方

1 セロリは筋をとって、一口大の乱切りにする。

2 ボウルにAを入れて砂糖と塩がとけるまでよくまぜ、1と赤とうがらしを加えて20〜30分ほど漬け込む。

3 器にセロリの葉を敷き、2を盛る。

きゅうりの甘酢漬け

材料（1人分）

きゅうり ················· ½本（50g）

A
- 酢 ···················· 小さじ2
- 砂糖 ················· 小さじ1
- 塩 ···················· 少々

20kcal
塩分0.5g
糖質4.2g

作り方

1 きゅうりは3cm長さに切ってから、縦4等分にする。

2 ボウルにAを合わせて砂糖と塩がとけるまでよくまぜ、1を入れて30分ほど漬け込む。

アドバイス きゅうりのかわりに、同量のかぶや大根を使ってもよいでしょう。甘酢に漬けたまま冷蔵庫で保存すると、2〜3日は食べられます。

たたききゅうりの中華風

材料（1人分）

きゅうり	…………………	½本（50g）
塩	…………………	少々

20kcal
塩分0.8g
糖質1.1g

A
しょうゆ	…………	小さじ½
酢	…………	小さじ½
豆板醤	………………	少々
ごま油	………………	小さじ⅓

作り方

1 きゅうりは洗ってまな板にのせ、すりこ木などでたたいて、ひび割れを入れる。これを乱切りにし、塩を振っておく。

2 ボウルにAを入れ、よくまぜ合わせる。

3 1の水けをふいて2に入れ、味がなじむまで30分以上おく。

アドバイス 豆板醤は好みで分量をふやしてもかまいません。また、辛いのが苦手な人は、入れる必要はありません。

たたききゅうり

20kcal 塩分0.6g 糖質2.4g

材料（1人分）

きゅうり	…………………	⅔本（60g）
長ねぎ（みじん切り）	……	小さじ1
しょうが（みじん切り）	……	小さじ½
にんにく（みじん切り）	……	小さじ½

A
酢	…………………	小さじ½
砂糖	…………………	少々
鶏がらスープの素	………	少々
水	…………………	小さじ2

作り方

1 きゅうりは上段の「たたききゅうりの中華風」の作り方1と同様にしてひび割れを入れ、これを3cm長さに切ってから縦二つ割りにする。

2 鍋にAを入れて一煮立ちさせ、砂糖がとけたら火を止めて冷ます。

3 ボウルに長ねぎ、しょうが、にんにくと2を入れてまぜ、1を加えてしんなりするまでおく。

きゅうりのもみ漬け

材料（1人分）

きゅうり	…………………	⅔本（60g）
しょうが（せん切り）	……	薄切り2枚分
塩	…………………	少々

10kcal
塩分0.7g
糖質1.3g

作り方

1 きゅうりは1〜1.5mm厚さの薄い輪切りにする。

2 1をボウルに入れて塩を振り、軽くもみながらまぜて全体に塩をからめる。

3 きゅうりがしんなりしたら水けをしぼって器に盛り、しょうがをのせる。

キャベツときゅうりの即席漬け

材料(1人分)

キャベツ ……………	1枚(60g)
きゅうり ……………	⅕本(20g)
おろししょうが ……………	少々

A
薄口しょうゆ………	小さじ2
酢 ………………	小さじ½
みりん ……………	小さじ½
水 ………………	大さじ2

30kcal
塩分1.9g
糖質3.8g

作り方

1 キャベツは1.5～2cm角に切り、きゅうりは薄い輪切りにする。

2 小さなボウルにAとおろししょうがを入れ、よくまぜ合わせる。

3 ビニール袋に1と2を入れて手で少しもみ込み、そのまましばらくおく。

4 野菜がしんなりしたら、漬け汁を軽くしぼって器に盛る。

ここに注目 この漬け物は重しもいらず、ご飯が炊けるまでにできてしまうほど簡単なのが魅力です。

キャベツのゆず香漬け

材料(1人分)

キャベツ ……………	1枚(60g)
きゅうり ……………	⅕本(20g)
ゆずのしぼり汁………	小さじ1
ゆずの皮(せん切り) ………	少々
塩……………………………	少々

20kcal
塩分0.8g
糖質2.8g

作り方

1 キャベツは1cm幅の短冊切りにし、きゅうりは2～3mm厚さのいちょう切りにする。

2 ボウルに1を入れ、塩を加えて軽くもみ、しんなりするまで30分ほどおく。

3 2を水で軽く洗って水けをしぼり、ボウルに入れてゆずのしぼり汁を加えてまぜる。

4 3を器に盛り、上にゆずの皮をのせる。

キャベツときゅうりのあっさり漬け

材料(1人分)

キャベツ ……………	1枚(60g)
きゅうり ……………	⅕本(20g)
青じそ(せん切り) …………	1枚分
塩……………………………	少々
しょうゆ ……………	小さじ¼

20kcal
塩分0.8g
糖質2.5g

作り方

1 キャベツは太めのせん切りにする。

2 きゅうりは斜め薄切りにしたあと、せん切りにする。

3 ボウルに1と2を入れ、塩をまぶしておく。

4 3の水けをしぼり、青じそをまぜる。

5 4をしょうゆであえてしばらくおき、器に盛る。

白菜の即席漬け

材料（1人分）

白菜······················ ½枚（50g）
赤とうがらし（小口切り）······ 少々
塩······················ 少々

10kcal
塩分0.6g
糖質1.0g

作り方

1 白菜は1cm幅に切る。
2 ボウルに1と赤とうがらしを入れ塩を振って全体に
からめ、しんなりするまでしばらくおく。
3 2の水けをしぼって器に盛る。

ここに注目 漬け物に赤とうがらしを加えると、ピリッと味がしま
ります。辛いのが苦手という人は省いてかまいませ
ん。また分量も、好みに応じてかげんしてください。
赤い外皮部分より種のほうが辛いので、種は除いて使いま
す。乾燥したものに包丁を入れると粉々になってしまうので、
水につけてもどしてから切るようにします。

大根のレモン漬け

材料（1人分）

大根····················· 1.5cm（50g）
レモン（輪切り）················· 1枚
昆布················ 約5cm角（2g）
塩····················· 少々

20kcal
塩分0.5g
糖質1.8g

作り方

1 大根は薄いいちょう切りにし、ボウルに入れて塩を
振り、全体にからめる。
2 レモンは十字に包丁を入れて、いちょう形に切る。
3 昆布はキッチンばさみを使って細切りにする。
4 1に2と3を加えてよくまぜ、大根がしんなりしたら
器に盛る。

大根のもみ漬け

材料（1人分）

大根····················· 1.5cm（50g）
大根の茎······················· 少々
しょうが（せん切り）··········· 少々
塩························· 少々

10kcal
塩分0.4g
糖質1.6g

作り方

1 大根は薄い短冊切りにし、大根の茎は小口切りにする。
2 ボウルに1を入れ、塩を振って全体にからめ、水分が出
たら軽くしぼる。
3 2にしょうがをまぜ、器に盛る。

アドバイス 大根のかわりに、同量のかぶを
使ってもかまいません。

たけのこのおかか煮

材料（1人分）

30kcal	
塩分0.7 g	
糖質1.5 g	

ゆでたけのこ‥‥‥‥‥‥‥‥‥‥‥50g
削りがつお‥‥‥‥‥‥‥‥‥ひとつまみ
A ┌ だし汁‥‥‥‥‥‥‥‥‥ ¼カップ
 │ しょうゆ‥‥‥‥‥‥‥ 小さじ⅔
 │ 日本酒‥‥‥‥‥‥‥‥ 小さじ½
 └ みりん‥‥‥‥‥‥‥‥ 小さじ⅓

参考メモ　ゆでたけのこを一度熱湯でさっとゆでるのは、くせを除くとともに余分な水分も除いて、煮物をおいしくするためです。

作り方

1　たけのこは根元は半月切りに、穂先はくし形切りにし、鍋に沸かした熱湯で強火で軽くゆでてくせを除き、ざるに上げる。

2　鍋にAと削りがつお、1を入れて強火にかけ、煮立ったら火を弱め、汁けがほぼなくなるまで煮含める。

こんにゃくのおかか煮

20kcal 塩分0.9 g 糖質2.1 g

材料（1人分）

板こんにゃく‥‥‥‥‥‥‥‥‥‥80g
A ┌ 水‥‥‥‥‥‥‥‥‥‥‥ ¼カップ
 │ 砂糖‥‥‥‥‥‥‥‥‥‥ 小さじ⅔
 │ しょうゆ‥‥‥‥‥‥‥‥ 小さじ1
 └ 削りがつお‥‥‥‥‥‥ ひとつまみ

作り方

1　こんにゃくは手で一口大にちぎり、鍋に沸かした熱湯で1分ほど強火でゆで、ざるに上げる。

2　鍋にAを入れて強火で煮立て、1を入れる。再び煮立ったら弱めの中火にし、煮汁がなくなるまでコトコト煮る。

えのきとこんにゃくのおかか煮

材料（1人分）

20kcal	
塩分1.0 g	
糖質1.0 g	

えのきだけ‥‥‥‥‥‥‥‥‥‥‥30g
さやいんげん‥‥‥‥‥‥‥‥‥ 1本
黒板こんにゃく‥‥‥‥‥‥‥‥‥50g
A ┌ だし汁‥‥‥‥‥‥‥‥ ⅓カップ
 │ しょうゆ‥‥‥‥‥‥‥ 小さじ1
 │ 一味とうがらし‥‥‥‥‥‥ 少々
 └ 削りがつお‥‥‥‥‥‥ ひとつまみ

作り方

1　こんにゃくは表面に浅く斜め格子の切り目を入れ、5mm厚さの角形に切る。これを上段の「こんにゃくのおかか煮」の作り方1と同様に下ゆでする。

2　えのきだけは根元を切り落とし、3cm長さに切って小分けにする。

3　さやいんげんは筋をとり、鍋に沸かした熱湯で強火でゆでる。しんなりしたら水にとって冷まし、斜め切りにする。

4　鍋にAを入れて強火で煮立て、1を入れる。再び煮立ったら弱めの中火にして煮汁が少なくなるまで煮、2を加えて煮汁がなくなるまでさらにコトコト煮る。

5　4を器に盛り、3を添える。

にんじんのピリ煮

材料（1人分）

30kcal
塩分0.6g
糖質4.0g

にんじん …………… 5cm（50g）
赤とうがらし（小口切り） …… 少々

A
だし汁 ……………… ¼カップ
しょうゆ ………… 小さじ½
みりん …………… 小さじ½

作り方

1 にんじんは一口大の乱切りにする。

2 鍋にAを入れて強火で煮立て、1と赤とうがらし
を入れる。再び煮立ったら弱火にし、にんじんが
やわらかくなるまで煮る。

しらたきのピリ煮

材料（1人分）

20kcal
塩分0.9g
糖質1.8g

しらたき………………………70g
赤とうがらし（小口切り） …… ½本分

A
だし汁 ……………… 大さじ1
しょうゆ ………… 小さじ1
砂糖 ……………… 小さじ½

作り方

1 しらたきは鍋に沸かした熱湯で1分ほど強火でゆで、
ざるに上げて水けをきり、食べやすい長さに切る。

2 鍋に1と赤とうがらしを入れ、Aを加えて、箸でまぜ
ながら汁けがなくなるまで中火でいりつける。

参考
メモ しらたきなどこんにゃく類は調理する前の
下ゆでが欠かせませんが、これは製造過
程で使用した石灰分の特有のにおいや
アクをとり、さらには余分な水分を除くためです。

きのこのさんしょう煮

材料（1人分）

30kcal
塩分0.7g
糖質2.2g

えのきだけ…………… ⅓袋（30g）
生しいたけ ………………… 1個
なめこ………………………15g

A
だし汁 ……………… ⅓カップ
しょうゆ ………… 小さじ⅔
日本酒 …………… 小さじ½
みりん …………… 小さじ⅓

粉ざんしょう ……………… 少々

作り方

1 えのきだけは根元を切り落とし、長さを2等分に切る。

2 生しいたけは軸を切り落として薄切りにする。

3 鍋にAを入れて強火で煮立て、1と2、なめこを入れる、
再び煮立ったら弱火にして4〜5分煮、仕上げに粉ざ
んしょうを加えてまぜ、火を止める。

アドバイス 粉ざんしょうのかわりに、七味とうがらしやラー
油、おろししょうがを加えてもよいでしょう。

キャベツのスープ煮

材料（1人分）

20kcal	
塩分**1.0**g	
糖質**3.7**g	

キャベツ‥‥‥‥‥‥‥‥ 1枚（60g）
にんじん‥‥‥‥‥‥‥ 2㎝（20g）
A ┌ 水‥‥‥‥‥‥‥‥ 1カップ
　 │ コンソメスープの素（顆粒）
　 │ ‥‥‥‥‥‥‥‥‥‥ 小さじ½
　 └ 塩、こしょう‥‥‥‥‥ 各少々

作り方

1　キャベツは3〜4㎝角に切る。

2　にんじんは薄切りにしたあと、梅形に切るか、好みの型で抜く。

3　鍋に**A**を入れて強火で煮立て、**1**と**2**を入れる。再び煮立ったら弱火にし、やわらかくなるまで煮る。

ねぎのスープ煮

材料（1人分）

20kcal	
塩分**0.6**g	
糖質**2.6**g	

長ねぎ‥‥‥‥‥‥‥‥‥‥‥ 1本
コンソメスープの素（顆粒）
‥‥‥‥‥‥‥‥‥‥‥‥ 小さじ⅓
塩‥‥‥‥‥‥‥‥‥‥‥‥‥ 少々
あらびき黒こしょう‥‥‥‥‥ 少々

作り方

1　長ねぎは3〜4㎝長さに切りそろえる。

2　鍋に**1**を入れ、かぶるくらいの水を注いで強火にかける。煮立ったら火を弱め、コンソメスープの素を加えてねぎがやわらかくなるまで煮る。仕上げに、塩とこしょうで味をととのえ火を止める。

参考メモ 長ねぎの旬は冬で、この時期は甘みも太さも増してグンとおいしくなります。

ブロッコリーのスープ煮

材料（1人分）

30kcal	
塩分**0.6**g	
糖質**3.3**g	

ブロッコリー‥‥‥‥‥‥ ½株（60g）
玉ねぎ‥‥‥‥‥‥‥‥‥‥‥20g
スープ‥‥‥‥‥‥‥‥‥‥ ½カップ
こしょう‥‥‥‥‥‥‥‥‥‥ 少々

※スープは、コンソメスープの素（顆粒）
　小さじ½を湯½カップでといたもの。

作り方

1　ブロッコリーは小房に切り分け、大きいものは半分に切る。

2　玉ねぎは薄切りにする。

3　鍋にスープを入れて強火にかけ、煮立ったら**1**と**2**を入れる、再び煮立ったら弱火にしてしばらく煮る。

4　**3**の野菜がしんなりしたら、こしょうを加えて味をととのえ、火を止める。

とうがんとかに缶のスープ煮

材料（1人分）

とうがん	80g
ずわいがに（缶詰）	20g

A
- 水 …………………… 1カップ
- コンソメスープの素（顆粒）
  ………………… 小さじ²⁄₃

塩、こしょう ……………… 各少々

30kcal
塩分1.4g
糖質2.9g

作り方

1. とうがんは種とわたを除いて一口大に切り、皮をむいて面取り（切り口の角を細くむきとる）する（この状態のものを80g使う）。
2. ずわいがには軟骨をとり除き、身をあらくほぐす。
3. 鍋にAを入れて強火で煮立て、1を入れる。再び煮立ったら弱火にして10分ほど煮る。とうがんに竹串を刺してみて、ややかたいものの竹串が通るようになったら2を加え、さらにとうがんがやわらかくなるまで弱火で煮る。
4. 塩とこしょうで味つけし、火を止める。

わかめのスープ煮

材料（1人分）

わかめ（もどしたもの）	40g
玉ねぎ	15g

A
- 水 …………………… 1カップ
- コンソメスープの素（顆粒）
  ………………… 小さじ¹⁄₃
- おろしにんにく ………… 少々

塩、こしょう ……………… 各少々

10kcal
塩分1.1g
糖質1.9g

作り方

1. わかめは食べやすい長さに切る。
2. 玉ねぎは薄切りにする。
3. 鍋にAを入れて強火で煮立て、2を入れる。再び煮立ったら中火にしてしばらく煮る。玉ねぎがしんなりしたところで1を加えて強火で一煮し、塩とこしょうで調味して火を止める。

セロリのスープ煮

材料（1人分）

セロリ	½本（40g）

A
- 水 …………………… ½カップ
- コンソメスープの素（顆粒）
  ………………… 小さじ½

こしょう ………………… 少々

10kcal
塩分0.6g
糖質1.0g

作り方

1. セロリは筋をとって、2cm幅くらいの斜め切りにする。
2. 鍋にAを入れて強火で煮立て、1を入れる。再び煮立ったら弱めの中火にし、セロリがやわらかくなるまで煮る。火を止める直前にこしょうを振り入れ、火を止めたら鍋に入れたまま冷まし、味を含ませる。

春菊ときのこの煮びたし

材料(1人分)

30kcal
塩分0.8g
糖質1.9g

春菊	2本(40g)
生しいたけ	2個
えのきだけ	⅕袋(20g)

A
だし汁 ¼カップ
しょうゆ 小さじ⅔
みりん 小さじ⅔

作り方

1 春菊は根元を切り落とし、鍋に沸かした熱湯でしんな
りするまで強火でゆで、水にとって冷まし、水けをしぼ
って食べやすい長さに切る。

2 生しいたけは軸を切り落として薄切りにし、えのきだけ
は根元を切り落とし3cm長さに切ってほぐしておく。

3 鍋にAを入れて強火で煮立て、1と2を入れる。再び
煮立ったら弱火にし、きのこがしんなりするまで煮る。

絹さやの煮びたし

材料(1人分)

20kcal
塩分0.5g
糖質1.7g

絹さや	15枚(35g)

A
だし汁 ¼カップ
日本酒 小さじ1
しょうゆ 小さじ½

作り方

1 絹さやは筋をとる。

2 鍋にAを入れて強火にかけ、煮立ったら1を入れる。再
び煮立ったら弱めの中火にし、ややしんなりする程度に
さっと煮る。

3 2を火からおろし、煮汁ごと冷まして味をしみ込ませる。

アドバイス 絹さやは、同量のさやいんげんやピーマン、アスパ
ラガスを使ってもかまいません。煮汁ごと冷ますの
は、味をよくしみ込ませるためです。夏場は冷蔵庫に入れ、冷たく
して食べてもおいしく味わえます。

わかめとじゃこの煮びたし

材料(1人分)

20kcal
塩分0.8g
糖質1.1g

わかめ(もどしたもの)	15g
ちりめんじゃこ	大さじ½

A
だし汁 ¼カップ
しょうゆ 小さじ⅓
みりん 小さじ½

作り方

1 わかめは食べやすい長さに切る。

2 鍋にAを入れて強火で煮立て、1とちりめんじゃ
こを入れる。再び煮立ったら弱めの中火にして一
煮し、火を止める。

トマトのアンチョビーサラダ

材料（1人分）

トマト	約⅓個（60g）
アンチョビーフィレ（缶詰）	1枚（4g）
きゅうり	⅒本（20g）
青じそ	½枚
塩、こしょう	各少々

20kcal
塩分0.7g
糖質2.3g

作り方

1 トマトは5mm厚さの薄切りにする。きゅうりは皮を縦に縞目にむいて、2〜3mm厚さの輪切りにする。
2 アンチョビーと青じそはみじん切りにする。
3 ボウルに**1**と**2**を入れ、塩とこしょうを振ってさっくりまぜ、器に盛る。

アドバイス アンチョビーは塩分を多く含むので、調味料のひとつと考えて、調味用の塩は控えましょう。

ミニトマトの二色サラダ

材料（1人分）

ミニトマト（赤）	2〜3個（30g）
ミニトマト（黄）	2〜3個（30g）
玉ねぎ（みじん切り）	小さじ1
青じそ	1枚
パセリ（みじん切り）	少々
A 酢	小さじ1
しょうゆ	小さじ⅓
砂糖	小さじ⅓
塩、こしょう	各少々

30kcal
塩分0.5g
糖質4.0g

作り方

1 ミニトマトの赤と黄はいずれもヘタをとり、半分に切る。
2 玉ねぎは水につけ、水けをよくしぼっておく。
3 小さなボウルに**A**を入れてまぜ合わせ、**2**も加えてノンオイルドレッシングを作る。
4 器に青じそを敷いて**1**を盛り、**3**を回しかけて、パセリを散らす。

簡単トマトサラダ

材料（1人分）

トマト	½個（80g）
青じそ（せん切り）	½枚分
A 酢	小さじ½
塩	少々
砂糖	小さじ⅓
オリーブ油	小さじ¼

30kcal
塩分0.2g
糖質3.6g

作り方

1 トマトは8等分のくし形に切る。
2 小さなボウルに**A**を入れてよくまぜ、ドレッシングを作る。
3 器に**1**を盛って**2**をかけ、青じそをのせる。

きのこの酒蒸し

材料（1人分）

生しいたけ	……………………	1個
えのきだけ	……………………	15g
しめじ	……………………	15g
マッシュルーム	…………………	1個
パセリ（みじん切り）	…………	少々
日本酒	…………………	大さじ1
塩、こしょう	………………	各少々

30kcal
塩分0.5g
糖質0.8g

作り方

1. 生しいたけは軸を切り落として6等分に切る。
2. えのきだけとしめじは根元を切り落とし、えのきだけは長さを2等分に、しめじは小分けにする。
3. マッシュルームは石づきを切り落とし、1個を4等分に切る。
4. 鍋に**1～3**を入れて弱火にかけ、すぐ日本酒を振りかけてひとまぜし、ふたをして蒸し煮にする。
5. きのこがしんなりしたら塩とこしょうで味つけし火を止める。
6. **5**を器に盛り、パセリを散らす。

しめじのゆず蒸し

材料（1人分）

しめじ	…………	⅓パック（30g）
ゆずのしぼり汁	……………	少々
塩	…………………………	少々
しょうゆ	…………………	小さじ⅓

10kcal
塩分0.5g
糖質0.6g

作り方

1. しめじは根元を切り落とし、小分けにする。
2. 耐熱性の器に**1**を入れ、塩とゆずのしぼり汁を振り入れてラップをかけ、電子レンジで2分ほど加熱する。
3. **2**を器に盛り、食べる直前にしょうゆをかける。

きのこのゆず蒸し

材料（1人分）

しめじ	……………	¼パック（25g）
まいたけ	…………	¼パック（25g）
ゆず（輪切り）	…………………	1枚
塩	…………………………	少々
日本酒	…………………	小さじ1
しょうゆ	…………………	小さじ½

20kcal
塩分0.6g
糖質1.1g

作り方

1. しめじは根元を切り落とし、小分けにする。
2. まいたけは手で食べやすい大きさに裂いておく。
3. 耐熱性の器に**1**と**2**を入れ、塩と日本酒を振り入れてゆずをのせる。これを蒸気の上がった蒸し器に入れ、強火で5分蒸す。
4. 蒸し器からとり出し、食べる直前にしょうゆをかける。

しらすおろし

材料（1人分）

大根·································80g
しらす干し···················· 大さじ1
しょうゆ···························· 少々

20kcal
塩分0.4g
糖質2.2g

作り方

1 しらす干しはざるに入れ、熱湯をさっと回しかけて、水けをきっておく。

2 大根をすりおろし、目のこまかいざるにあけて軽く水けをきる。

3 **2**を器に盛って**1**をのせ、しょうゆをかける。

なめこのおろしあえ

材料（1人分）

なめこ····················· ¼袋（25g）
大根····················· 1.5cm（50g）
しょうゆ···················· 小さじ⅓

20kcal
塩分0.3g
糖質2.0g

作り方

1 なめこはざるに入れて熱湯を回しかけたあと、流水に当てながら軽くぬめりをとる。

2 大根はすりおろし、目のこまかいざるに入れて自然に水けをきる。

3 ボウルに**1**と**2**を入れてあえ、器に盛って、しょうゆをかける。

アドバイス 袋に入ったなめこは、さっと洗うか、湯通ししてから使います。缶詰の場合は、ざるに入れて振り洗いし、缶ぐささを除いてから使うとよいでしょう。

しめじのおろしあえ

材料（1人分）

しめじ················· ½パック（50g）
大根····················· 1.5cm（50g）
青じそ（せん切り）··········· ½枚分
A ┌ しょうゆ············· 小さじ½
　└ 酢····················· 小さじ½

20kcal
塩分0.4g
糖質2.2g

作り方

1 しめじは根元を切り落として小分けにし、鍋に沸かした熱湯でしんなりするまで強火でゆで、ざるに上げて水けをきっておく。

2 大根はボウルにすりおろし、**A**を加えてまぜる。ここに**1**を入れてよくあえる。

3 **2**を器に盛り、青じそをのせる。

アドバイス ここでは、しょうゆと酢を使っていますが、かわりに市販のポン酢を使ってもかまいません。その場合は小さじ1が適量です。

材料別料理索引

●…主菜の主材料　　●…副菜の主材料　　●…もう一品の主材料
○…主菜の副材料や調味料　　○…副菜の副材料や調味料　　○…もう一品の副材料や調味料

主材料からだけでなく、副材料や調味料からも引けます。食材の使いまわしや使いきりのために、お役立てください。

■ 監修者紹介

吉田美香 （よしだ みか）

管理栄養士。日本糖尿病療養指導士。1996 年、服部栄養専門学校卒業後、食材の宅配会社に勤務し、メニュー開発や糖尿病食の献立作成に従事。その後、医療・健康情報の提供や医療施設での栄養指導に携わるなど多方面で活躍中。

料理／赤堀永子　田川朝恵　増井洋子　三浦孝子　落合貴子　ダンノマリコ
栄養計算／吉田美香
撮影／赤坂光雄　主婦の友社写真課　山田洋二　佐山裕子
スタイリスト／塩畑美由喜　吉澤輝枝　ダンノマリコ
装丁／植田尚子
本文デザイン／ＨＢスタジオ、植田尚子
イラスト／勝山英幸
編集まとめ／平山祐子、八丹陽子
編集担当／平野麻衣子（主婦の友社）

■本書に掲載されている食品の栄養成分値は、文部科学省科学技術・学術審議会資源調査分科会報告『日本食品標準成分表 2020 年版（八訂増補 2023 年）』の数値をもとに算出したものです。

いちばんやさしい
糖尿病の人のための
おいしい食事

2024 年 7 月 31 日　第 1 刷発行

編　者　主婦の友社
発行者　丹羽良治
発行所　株式会社主婦の友社
　　　　〒141-0021　東京都品川区上大崎 3-1-1 目黒セントラルスクエア
　　　　電話 03-5280-7537（内容・不良品等のお問い合わせ）
　　　　　　　049-259-1236（販売）
印刷所　大日本印刷株式会社

■本のご注文は、お近くの書店または主婦の友社コールセンター（電話0120-916-892）まで。
＊お問い合わせ受付時間 月〜金（祝日を除く）10:00〜16:00
＊個人のお客さまからのよくある質問のご案内
https://shufunotomo.co.jp/faq/

本書は『よくわかる糖尿病の人のためのおいしい食事』の内容を見直し、最新情報を加えて装いも新たにしたものです。